农户加入专业合作社及政府扶持机制研究

——以江西省为例

李道和　著

中国农业出版社

本书是国家自然科学基金项目“农户加入农民专业合作社影响因素及政府扶持机制研究”（71063009）及江西省软科学项目“江西省农民专业合作社的扶持政策满意度及需求优先次序研究”的研究成果。

序

发展农民专业合作社，是坚持和完善农村基本经营制度的重要环节。党的十七届三中全会通过的《中共中央关于推进农村改革发展若干重大问题的决定》指出，“以家庭承包经营为基础、统分结合的双层经营体制，是适应社会主义市场经济体制、符合农业生产特点的农村基本经营制度，是党的农村政策的基石，必须毫不动摇地坚持。”稳定和完善农村基本经营制度，要“推进农业经营体制机制创新，加快农业经营方式转变”。家庭经营要着力提高集约化水平，统一经营要着力提高组织化程度。要“按照服务农民、进退自由、权利平等、管理民主的要求，扶持农民专业合作社加快发展，使之成为引领农民参与国内外市场竞争的现代农业经营组织”。

国内外的成功经验表明，在农产品生产、加工、流通等领域，大力发展和培育农民专业合作社，既能保持农业家庭经营在直接生产环节的效率，又能克服农业家庭经营在流通环节的局限性，把家庭经营与合作经营的优势有效地结合起来，更好地维护和保护广大农户的利益，使中国农业走出一条农户小规模生产和农业规模化经营相结合的现代化之路。

按照“服务农民、进退自由、权利平等、管理民主”的要求，扶持农民专业合作社加快发展，是必须坚持的正确原则。在稳定和完善农村基本经营制度的政策大方向下，扶持农民专业合作社发展的逻辑前提，是充分尊重农民是否加入专业合作社的决策意愿，切实落实“进退自由”的政策保障。顺着这一思路，从微观的角度上看，决定和影响农户加入农民专业合作社的主要因素有哪些？政府应该如何有效地扶持农民专业合作社的发展？是在理论和实践上值得研究的重要问题。

本书是国家自然科学基金项目“农户加入农民专业合作社影响因素及政府扶持机制研究”的研究成果。全书共分为三个部分：

第一部分，阐明农户加入农民专业合作社的内在逻辑和政府扶持合作社的理论依据和现实背景。农户作为理性人，在一定环境约束的条件下，总是以追求自身利益最大化为基本目标。作者认为，农户是否愿意加入合作社，是一种基于自身条件和外部自然、经济、社会等环境因素所采取的有规律的反应，是农户微观经济活动和宏观社会经济环境综合作用的结果。政府扶持农民专业合作社应当从坚持和完善农村基本经营制度、更好地保护农民利益、加快有中国特色的现代农业制度体系建设等方面综合着眼。

第二部分，综合分析合作社对当前政府扶持政策的满意度以及合作社绩效。作者认为：①合作社农户对农民专业合作社扶持政策满意度总体上还比较低。农户的家庭人口数、经营规模等初始变量直接影响合作社扶持政策满意度，而年龄、婚姻等因素间接影响农户对合作社扶持政策的满意度。此外，科技扶持评价等各种中间变量也直接影响合作社扶持政策的满意度。②不同合作社对政府提供的扶持政策存在不同的需求，目前江西省农民专业合作社农户最迫切需求的前四项扶持政策依次为：科技扶持、项目扶持、贷款贴息扶持和提供税收减免扶持。③政策扶持对农民专业合作社绩效虽然不存在直接影响，但存在间接的影响；而内部管理机制与企业家才能对农民专业合作社绩效则存在明显影响。

第三部分，深入分析合作社社员的履约行为和社员服务需求次序。作者认为：①从合作社农户履约行为来看，农户作为有限理性经济人，以追求自身收益最大化为目标，但受制于个人禀赋等因素，在信息不完全或不对称的情况下，不可避免的产生机会主义行为。

当市场价格低于合同价格时，农户的最优策略为完全执行合同；当市场价格高于合同价格时，合同的履行会使社员农产品销售收入遭受损失，此时社员的履约行为是社员与合作社反复博弈的结果。当市场价格高于合同价格时，社员做出是否履约的决定受到个体特征、家庭特征、农产品特征、社会经济环境特征、合作社特征以及合同特征的综合影响。②从品牌创建行为来看，农民专业合作社作为新型农业经营主体，其品牌的创立与企业等市场主体具有较大的差异。合作社理事长在日常的经营活动中扮演重要角色，甚至在农产品品牌创建中起主导作用。

本书是作者多年从事农业经济研究的主要成果之一，是青年学者研究农民专业合作社领域的又一部力作，可以为有志于农民专业合作社理论与政策研究的学者提供参考。

是为序。

池泽新

2017年7月

前　言

长期以来，我国农业面临着小生产与大市场的矛盾，农户市场地位弱小，势单力薄、增收困难，无法保障自身的合法权益。为化解这一矛盾，中央在十六届三中全会报告中明确提出“支持农民按照自愿、民主的原则，发展多种形式的农村专业合作组织”。农民专业合作社是市场经济条件下党领导农业和农村工作的重要抓手，是增加农民收入、提高农业整体素质、推进现代农业建设的有效组织形式。综观当今世界，凡是现代农业发达的国家，都离不开具有现代农业经营组织特征的农业合作社。2017年中央1号文件指出，大力培育新型农业经营主体和服务主体，合作社作为新型农业经营主体类型之一，在促进农业适度规模经营、推动农业供给侧结构性改革以及带动农民就业增收、脱贫致富中发挥着重要作用。农民合作社通过上接龙头企业，下联普通农户和家庭农场，在现代农业经营体系中处于承上启下的关键环节，起到联结主体、集聚资源的重要作用，是构建立体式复合型现代农业经营体系的组织基础。农民合作社注重发展土地规模经营和专业化规模化服务，能够根据市场变化，创新供给激活需求，使农业生产由“生产导向”转向“消费导向”；组织农产品标准化、品牌化、绿色化生产，发展新产业新业态，有效推进了农业供给侧结构性改革；可以为成员提供技术示范、服务保障、产品销售等低成本便利化服务，增加贫困农户农业生产经营性收入。

本书的目的在于通过对江西省农户进行调研，研究农户加入农民专业合作社及政府扶持机制，按照“提出问题—理论分析—实证研究”的思路逐次展开，通过构建农户加入农民专业合作社的意愿（行为）影响因素模型和农民专业合作社的绩效影响因素模型，考查农户加入农民专业合作社的影响因素，并优化农民专业合作社政府扶持机制。综合探讨农户加入农民专业合作社的影响因素，分析各因素的作用大小、方式及内在机理，特别是政策支持的作用绩效，从而对各项政策的存续价值作出科学判断。在此基础上，分析农民专业合作社扶持政策满意度及需求优先次序，结合案例研究，构建农民专业合作社的政府扶持机制。

全书分为三个部分：

第一部分是阐明农户加入农民专业合作社的内在逻辑和政府扶持合作社的理论依据和现实背景。其中：

第 1 章导论，阐明研究的背景和基本概念的界定及国内外研究现状。

第 2 章阐述农户加入农民专业合作社意愿的影响因素及政府扶持农民专业合作社的现实背景与理论依据。

第 3 章分析影响农户加入农民专业合作社的影响因素。农户作为理性人，其是否愿意加入合作社是基于自身条件和外部的自然、经济、社会等环境因素的刺激下所采取的有规律的反应或活动，它是农户微观经济活动和宏观社会经济环境综合作用的结果，是一种复杂的经济行为。因此，根据理性人假设，农户在一定环境约束的条件下，总是以追求自身利益最大化为基本目标。在给定的限制条件下，农户会理性地选择进入市场的方式，进行成本与收益比较对各种组织与制度做最优的选择。通过研究，我们发现影响农户加入农民专业合作社的因素有：农户所在地到乡镇距离、农户的合作偏好、农户的家庭人口数量、农户的劳动力数量、家庭未成年人数、家庭人均年纯收入、打工收入占比、在当地生产规模、社会关系资源状况、销售是否需要帮助、基础设施水平、生产资金获取难易程度、是否信贷扶持等。

第二部分重点对合作社对政府扶持政策满意度和合作社绩效进行分析。其中：

第 4 章对农民专业合作社扶持政策满意度影响因素进行了分析。研究发现合作社农户对农民专业合作社扶持政策满意度总体上还比较低，作为中间变量的科技扶持评价、税收减免评价、贷款贴息评价、项目扶持评价、信息咨询评价、品牌扶持评价都直接影响合作社扶持政策的满意度，初始变量中除文化程度、家庭人口数、经营规模、家庭居住地、乡镇经济发展水平、农产品技术含量、价格波动程度、基础设施、兼业化程度、农业规模化水平、获得资金难易程度直接影响合作社扶持政策满意度外，年龄、婚姻、村居民收入水平、技术人员指导、生产投入费用、技术帮助、市场发育程度等因素间接影响农户对合作社扶持政策的满意度。

第 5 章对农民专业合作社扶持政策需求与优先序进行了分析。众多研究成果表明我国农民专业合作社存在各种问题，需要政府的扶持，但是对农民专业合作社的扶持不可能一步到位，是一个循序渐进的过程。因此，有必要对合作社农户的扶持政策需求优先序进行研究，明确合作社农户最迫切的需求，以提高政府对合作社进行扶持的针对性，提高扶持政策绩效。研究发现：扶持政策需求优先序依次为：科技扶持、项目扶持、贷款贴息扶持、提供税收减免扶持，这也是目前江西省农民专业合作社农户最迫切需求的前四项扶持政策。

第 6 章对农民专业合作社绩效影响因素进行了实证分析。农民专业合作社作为这种新型的农业经营主体之一，不仅进行专业化的生产，提供专业化的服务，同时提高了农民的组织化程度。但是其依然存在规模不大、竞争力不强、带动农户能力比较弱、内部结构不完善与总体绩效效率不高的问题。因此本章从政策扶持、技术因素、合作社内部治理机制及企业家才能四个因素探讨其对农民专业合作社绩效的影响。研究发现：①政策扶持对农民专业合作社绩效存在间接的影响；②对农民专业合作社绩效正向影响的假设不成立；③内部管理机制与企业家才能对农民专业合作社绩效的正向影响假设得到验证。

第三部分对合作社社员的履约行为和品牌创建行为进行了分析。

第7章分析农户履约受到哪些因素的影响。由于市场供需的变动，农产品价格波动较频繁，合作社社员与合作社签订的合同价格经常与市场价格不一致。农户作为有限理性经济人，以追求自身收益最大化为目标，但受制于个人禀赋等因素，在信息不完全或不对称的情况下，不可避免的产生机会主义行为。当市场价格低于合同价格时，农户的占优策略为完全执行合同；当市场价格高于合同价格时，合同的履行使社员农产品销售收入遭受损失，此时社员的履约行为是社员与合作社反复博弈的结果。当市场价格高于销售合同价格时，社员做出是否履约的决定受到其个体特征、家庭特征、农产品特征、社会经济环境特征、合作社特征以及合同特征的影响。

第8章分析农民专业合作社作为新型农业经营主体，其品牌的创立与企业等市场主体具有较大的差异。农民专业合作社多为政府推动型、龙头企业主导型、能人带动型等模式，合作社理事长在日常的经营活动中扮演了重要的角色，甚至在农产品品牌的创建中占据主导作用，其品牌意识制约着合作社农产品品牌的建设行为，理事长良好的企业家才能可推动合作社农产品品牌的建立。基于合作社理事长视角对农民专业合作社农产品品牌的建设行为进行研究可明确制约理事长进行品牌建设行为的影响因素，进而为合作社品牌的创建提供对策。

由于农民专业合作社的发展以满足农户的需求为根本目的，农户既是合作社的主体，又是生产经营活动的主要实施者，第9章通过对农民专业合作社社员的服务需求优先序及影响因素进行分析，以期能为农民专业合作社的发展提供具体的指导意见，满足合作社社员的需求，提高合作社社员收益与自身收益，促进农民专业合作社的良好发展。

第10章根据前面的分析结果，提出了若干建议措施：①加大政府扶持力度，积极引导农户加入农民专业合作社；②加强对合作社农户农业技术培训；③积极了解农民专业合作社的扶持政策需求；④大力提高农民专业合作社绩效；⑤积极支持合作社创建农产品品牌。

本书是多年研究积累基础上的集成与提炼，受到了国家自然科学基金项目“农户加入农民专业合作社影响因素及政府扶持机制研究”、江西省软科学项目“江西省农民专业合作社扶持政策满意度及需求优先序研究”项目的资助，作者又在此基础上进行了相应的后续研究，最后形成此书文稿。在多个合作研究者中，刘滨副教授、高雪萍副教授、陈江华博士、章芸硕士等对本书做出了直接贡献。

李道和

2017月5月

目　　录

1 绪论

1.1 问题提出

长期以来，我国农业面临着小生产与大市场的矛盾，农户市场地位弱小，势单力薄、增收困难，无法保障自身的合法权益（孙政才，2002；韩俊，2002）。为化解这一矛盾，中央在十六届三中全会报告中明确提出“支持农民按照自愿、民主的原则，发展多种形式的农村专业合作组织”。中央财政也每年下拨专项资金用于扶持农民专业合作经济组织的发展。在政策鼓励背景下，农民专业合作社在全国特别是浙江省等经济发达地区应运而生，并呈现快速发展的态势（黄祖辉等，2002；张晓山，2004），全国各地出现了建立农民专业合作经济组织的热潮。随着我国农民专业合作经济组织数量得到一定发展，其质量建设问题也同时被提上议事日程（孔祥智，2007；危朝安，2007）。

农民专业合作社是市场经济条件下党领导农业和农村工作的重要抓手，是增加农民收入、提高农业整体素质、推进现代农业建设的有效组织形式。综观当今世界，凡是现代农业发达的国家，都离不开具有现代农业经营组织特征的农业合作社。欧美等发达国家80％以上的农户都加入了农业合作社，有的农户还同时加入两个以上的合作社。通过农业合作社，有效保护了农民利益，推动农业生产走上了专业化、商品化和现代化道路。比如欧盟各国，农业合作社销售的农产品占当地市场份额的60％左右。在法国，90％的农户成为各类农业合作社成员，合作社收购了全国60％的农产品（黄祖辉，2004）。

从我国情况来看，截至2016年6月底，我国依法登记的农民专业合作社166.9万家，实有入社农户占全国农户总数的42.7％。与欧美等发达国家80％以上的入社农户率相比较，我国入社农户比例还不高，因此，促进和科学扶持农民专业合作社的建设与发展有待持续。近年来，中央政府加大了对于农民专业合作社的扶持，据农业部统计，2003年到2009年，在中央财政的支持下，农业部开展农民专业合作组织示范项目建设，已累计安排项目资金1.45

亿元，扶持了800个农民专业合作社，2015年，中央财政拨付20亿元壮大农民专业合作组织，这些都为我国农民专业合作社的成立与发展起到了良好的促进作用，但总体来看，我国农民专业合作社的发展却远未达到农户所预期的目标。

因此，怎样积极促进和科学扶持农民专业合作社的建设与发展成为近年来各级政府关注的重要议题，许多学者为此作了探索性研究（张兵、左平桂，2009；吴连玉，2009；赵慧峰、李彤，2009；程爱军，2009；常伟、胡海青、杨爽，2009；黄胜忠、林坚，2008；王飒飒、刘鹏飞，2008；陈立新，2008；孔祥智，2005；姜明伦、郭红东，2006），成果卓有成效，尽管如此，但现有研究成果仍然无法回答以下问题：为什么我国农户入社比例还不高？影响农户加入农民专业合作社意愿与行为的关键性影响因素有哪些，政府如何促进？影响农民专业合作社绩效的因素有哪些，政府如何扶持？合作社农户对政府扶持农民专业合作社的满意度如何，政府如何优化扶持农民专业合作社的优先次序？我们认为，这些问题的准确回答是政府科学制定农民专业合作社扶持政策、吸引普通农户积极加入农民专业合作社的基础前提。

江西是农业产出大省，据江西省工商部门统计，到2016年12月31日止，全省依法登记或重新登记农民专业合作社户数达53 965户，农民专业合作社联合社185户，全省农民专业合作社成员总数达90.20万人。这些农民合作组织涉及种植业、养殖业、加工、运输、服务业等各个产业领域。这些都有力推动了江西社会经济的发展，但是，由于各种原因，当前还存在半数农户仍然存在加入农民专业合作社意愿不强、农民专业合作社绩效不佳的现实。因此，如何科学引导和扶持那些在市场经济浪潮中已经获得一定的成功的农民专业合作社，发扬其示范带着作用，吸引更多的普通农户加入农民专业合作社，对于协调城乡、区域经济发展，落实科学发展观，具有十分重要的意义。

为此，本书以江西为案例区，分析农户加入农民专业合作社的意愿行为和影响因素，考查各因素的作用大小、方式及其内在机理，当前农民专业合作社的绩效特别是政策支持的作用绩效，将这些与合作社农户对农民专业合作社扶持政策的满意度相比较，从而对各项政策的存续价值作出科学判断，并优化设计农民专业合作社的扶持机制。

1.2 概念界定

1.2.1 合作社

1.2.1.1 合作社的定义

合作社作为一种制度化的经济组织，是商品经济发展到一定阶段出现的特殊的生产和组织形式。在不同的时期、不同国家，它的含义也不相同。国际合作社联盟（International Co-operative Alliances，ICA）在 1995 年举行的 100 周年的代表大会上，确定“合作社是人们自愿联合，通过共同所有和民营管理的企业，来满足共同的经济、社会与文化需求的自治组织”，这是当前世界上的普遍看法，最权威的定义。合作社是社员联合所有、社员民主自治，社员经济参与并受益的互助性经济组织。其基本内涵有五点：一是合作社是自治组织。二是合作社是“人的联合”，包括自然人、法人。三是自愿的联合，社员能够自由加入和自由退出。四是达到了能够“满足共同的经济和社会的需求”。五是发展成为由全社员共同所有和民主管理的组织。合作社应有的基本特征为：①经济性，是劳动群众自愿结成的经济或者服务组织，不是一般的社会团体或者政治组织。②自由性，加入和退出自由，成员的生产资料和财产所有制性质不变。③符合“民办、民管、民受益”的原则，社员在经济和法律上都是平等的。

1.2.1.2 合作社的原则

自 1844 年世界上第一个合作社——英国罗虚代尔公平先锋社成立，最早形成了影响最广泛的“罗虚代尔原则”（Rochdale Principles）。1895 年 ICA 成立，它是罗虚代尔公平先锋社合作思想的倡导者，将“罗虚代尔原则”确立为基本原则，其主要内容包括：①自愿入社，②民主管理（一人一票），③现金交易，④按市价销售，⑤只销售货真量足的商品，⑥按惠顾额分配盈余，⑦重视对社员的教育，⑧政治与宗教中立。任何遵守以上原则的组织即为合作社。1966 年，ICA 在维也纳第 23 届大会上将“罗虚代尔原则”修订为 6 条，命名为“合作社原则”，分别是：入社自由、民主管理、资本报酬适度、盈余返还、合作组织教育和合作组织间联合。对于合作社的组织原则，ICA 分别于 1934 年、1966 年、1995 年作了不断修订和完善补充，修改后确定了合作社的原则：①自愿和开放，②社员民主管理，③社员经济参与，④自主与自立，⑤教育、培训和信息，⑥合作社间的合作，⑦关心社区。在 ICA 原则中，前三条是被持续坚持的基本原则，后四条是合作社生存和发展壮大的条件。但在历次修订中，涉及合作社如何运作的一些基本原则几乎没有变化，它们是：①自愿入社，②民主管理，③按惠顾额分配盈余，④资本报酬有限。这些原则被人们称之为合作社的“经典”原则。能否遵守以上四条原则被视为判定一个组织是否为合作社的标准。

1.2.2 农民专业合作社

农民专业合作社是基本上按照传统的罗虚代尔合作制原则组织的农民专业合作经济组织，其管理比较规范与社员联系比较紧密，是政府部门比较认同和竭力推崇的组织形式。2006 年 10 月 31 日，第十届全国人大常委会第 24 次会议通过了《中华人民共和国农民专业合作社法》，明确了农民专业合作社的合法含义。

农民专业合作社属于经济实体，需要在工商管理部门登记为企业法人。成立的合作社成员之间的关系是产权基础上的联合。它以其成员为主要服务对象，不以营利为目的，提供生产资料的购买、农产品的销售、加工、运输、贮藏以及与生产有关的技术、信息等服务。农民专业合作社还向外部的社会主体提供营利性服务，按市场经济规律参与市场竞争，以获取最大利润为目的。

对农民专业合作社有多种分类，根据农民专业合作社的功能，目前大致可以分为六大基本类型：销售型、加工型、（技术）服务型、采购型、生产型、综合型，但现实中生产型极为少见。同时按照与政府的关系可以大致分为三类：合作社可分为自发组织型、官办型和官民结合。按照创办者的身份，分为龙头企业带动型、能人牵头型、政府发起型、农业服务部门兴办型等。

1.2.3 合作社绩效

“绩效”（performance）最早来源于经济方面的定义，主要运用能计算的利润来表达。随着社会经济和企业管理的需求，绩效的含义逐渐拓展为“组织对资源的有效率的运用”。所谓绩效是基于组织的发展，以提高个人和组织绩效为基本目标，以组织功能的有效性和组织服务对象是否满意为衡量指标，是对组织的一种综合性衡量。

本书所研究的合作社绩效是指农民专业合作社的绩效是为了实现组织功能所采取的行为、过程及由此带来的符合社员需求的一定数量和质量的服务、产出和结果。本书主要从销售收入、盈利水平、合作社为社员销售农产品的比例、合作社农产品品牌度、市场份额、入社农户增长率、合作社农户满意度等项目对农民专业合作社进行的一种综合性衡量。

1.2.4 扶持政策

对处于弱质的且地位特殊的部门或行业的资源投入增加速度比其他部门或行业高的资源配置过程，定名为扶持式资源配置，简称扶持。扶持可以是对某一部门、某一行业、某一产业，甚至是某一个地区。需要扶持的对象虽然可以是对强者的扶持，但主要是指对弱者的扶持但不是对所有弱质者扶持，而是对具有特殊地位和作用的弱质者的扶持。扶持是一种非均衡的态势，是在不断运动过程中使被扶持对象达到前所未有的或更高的水平。扶持是一系列投入要素的系列组合，它不仅包括人、财、物等方面的加速投入，而且包括道义、精神等方面的支持或帮助。扶持是被扶持对象迅速发展和壮大的启动器（隋舵、黄清，2001）。

政策是国家机关、政党和其他政治团体在特定时期为实现或者服务于社会政治、经济、文化、条例等的总称。政策的制定和执行都是为了解决一定的社会问题，调整社会利益关系。对其利益分配过程主要经历了利益的选择、综合、分配和落实，服务于社会经济的发展。具有导向功能、控制功能、协调功能和象征功能四个基本功能。

对农民专业合作社的扶持政策是属于农业政策里的一个分支，是党和政府为实现一定历史时期内的社会经济及农民专业合作社发展目标，对合作社发展过程中的重要方面及环节采取的一系列有计划的措施及行动准则的总称，从属于经济政策，也可以说是部门政策。它有这样几个内容：扶持的主体，主要指政府、企业和公众；资源投入，主要包括资本投入、劳动投入、技术投入等；扶持的内容，主要包括实施建设项目、财政、金融和税收等四个方面；扶持的手段，主要是计划手段、经济手段、行政手段、法律手段、思想教育和舆论工具手段等。

1.3 国内外研究现状

1.3.1 关于农户加入农民专业合作社的影响因素研究

早在100多年前的工业革命时期，国内外诸多学者对合作社予以关注。从目前来看，我国相应的合作经济组织有很多，但只有农民专业合作社与国外的农业合作社比较接近，学者们对农户加入农业合作社的影响因素亦进行了一定的研究，试图为农户加入农民专业合作社提供思路与便利。①

（1）关于政策法律环境的影响，国家政策与法规在肯定农民专业合作经济组织合法地位的同时也约束着它的行为。在我国的《农民专业合作社法》颁布前，农民合作经济组织的法律地位不明确，政府支持政策不明晰和难落实制约着其创建和发展（黄祖辉等，2002；李道和，2012）。夏英（2007）和任大鹏等（2007）等从理论上分析指出，伴随着《农民专业合作社法》的出台，该法赋予了农民专业合作社作为市场主体的法律地位，规范了其组织行为，并为其发展起到了保障作用。

（2）关于经济环境的影响。国家农产品和农资的购销体制（中国农村合作组织经济行为研究课题组，1997）、土地的细碎、当地农产品市场的发育程度和资金来源匮乏都影响了农民专业合作社的创建和发展（黄祖辉等，2002）。同时规模化水平和土地规模及农户兼业化水平也会影响农民专业合作组织的发展（赵慧峰，2009）。

（3）关于社会文化环境的影响。黄祖辉等（2002）分析认为，有较深厚的合作组织传统的地区或区域亚文化与社会文化整合度不高，且区域亚文化中的商品经济成分和内在凝聚力较强的地区较易创建和发展农民合作经济组织。

（4）关于农产品特征的影响。其一，农产品的类型。我国学者卢向虎、吕新业、秦富（2008）认为农户家庭生产的主导农产品的类型影响着农户参与农民专业合作社的意愿，通常技术含量越高、生产投入越大的农产品，其商品化程度也越高，则农户与市场的交易就越频繁（张红云，2009；赵慧峰，2009），农户在生产和销售过程中越需要农民专业合作社的技术支持和销售帮助，因而就更有可能参与农民专业合作社。其二，主导农产品销售的市场半径。农户家庭生产的主导农产品在外地市场销售和在本地市场销售对农户参与农民专业合作社的意愿影响不一样（卢向虎，2008；张红云，2009；赵慧峰，2009）。其三，农产品的价格波动程度。通常农户生产的农产品市场价格波动程度越大，说明农户面临的市场风险也越大，而农民专业合作社能把分散的农户组织起来，在一定程度上降低了单个农户的市场风险。因此，农户主要农产品的市场价格波动越大，其参加农民专业合作社的意愿就越强烈（卢向虎，2008；张红云，2009；赵慧峰，2009）。

① 此处大部分内容发表于《江西农业大学学报》（社科版）2012年第1期。

（5）技术环境。Gerichhausen M.，Berkhout E. D，Hamers H. J. M.，Manyong V. M.（2007）认为当新技术出现时，农业合作社能够使他们更快地利用技术，使资源利用更加有效，从而提高农户收入，同时也能改变其生产计划，Ogunsumi，lucia omobolanle，samuel olu. Ewuola（2005）认为农民专业合作社可以提高农户的资本、土地及技术等生产要素的投入效率。影响农业合作社发展的因素有技术革新以及新技术出现、农业技术人才的缺乏、农业科技推广力度（邓桂梅等，2007；赵慧峰，2009），同时，农产品的技术要求超高，农户加入农民专业合作社的意愿越强（卢向虎等，2008）。

（6）关于农户个体特征的影响，L Gadzikwa 和 MC Lyne（2005）运用多元 Logitic 模型分析南非 Ezemvelo 省的农户加入农业合作社受到农户年龄、收入、机会成本等个体特征的显著影响，而农户类别、家庭类别、性别、市场不确定、价格等因素影响不显著。我国学者卢向虎等（2008），姜太碧（2009），张冬平（2007）认为农户个体特征（性别、年龄、文化程度）对于农户加入农民专业合作社有显著影响。同时农户的家庭特征（家庭劳动力人数、经营规模、家庭外出打工人数、家庭收入中打工收入所占的比重）对于其加入农民专业合作社也有显著影响。

（7）加入后农户在农民专业合作社中的角色。农户加入农民专业合作社中的角色分为领导集团或关键人物和普通成员两大类（黄祖辉等，2002）。第一，关键人物。关键人物通常是组织的发起者、领导者和大股东，他们是组织发展的总设计师，是组织财力的象征（课题组，1997），是组织的实际控制者（黄祖辉等，2003），是组织产生的必要条件（苑鹏，2001），是组织的核心（曾燕舞，2004），是合作社实现良性运转的重要保障（苑鹏，2001）。农民专业合作组织常常是专业大农户（张晓山，2005）、重点户、生产大户、科技示范户（黄祖辉等，2003）发起创建。他们创办合作社积极性高的原因是他们生产经营的规模大，具有较高专业化程度和商品率，同时承受较大的市场风险（张晓山，2005），单靠自身实力很难继续发展（李京，2005），这也使他们更具有终端产品市场知识、更有远见，对下游活动（资产）具有相对的控制力（黄祖辉等，2006）。因此他们的素质、水平、甚至个性就直接影响到农民专业合作社的创建和发展（黄祖辉等，2003）。第二，普通成员。一些学者认为，现阶段我国大多数农民具有重新组织起来进行联合与合作的需求（国鲁来，2001；孙亚范，2003；郭红东，2005）；曾燕舞等（2004）认为，普通农民是否参与农民专业合作社主要取决于其加入后所得到的预期好处，如没有明显的好处，他们是没有积极性参加的，而加入后得到好处的大小与他们在生产与销售过程中遇到的自己不能解决的问题的大小相关。黄祖辉等（2007）认为，组织成员因素和制度环境因素从内、外两方面共同决定了其创建水平、组织制度、运营机制以及发展路径等。

1.3.2 关于合作社农户对政府扶持政策满意度的研究

1802 年英国的 Bentham 就提出用户满意的研究问题，1985 年，顾客满意度理论首先由美国学者正式提出，其后迅速在经济发达国家得到广泛应用。1989 年，美国密歇根大学商学院质量研究中心费耐尔（Fornell）博士总结理论研究成果，提出把顾客期望、购买后感知、购买价格等多方面因素组成一个计量逻辑模型，即费耐尔模型。以此模型运用偏微分最小二次方求解所得出的指数，就是顾客满意度指数（Customer Satisfaction Index，CSI）。费耐尔博士的研究成果是迄今为止最成熟和运用最广的顾客满意度指数理论。在 CSI 测量模型中，吸取了成熟的抽样调查和统计理论，人们可以利用这一模型展开对顾客满意度形成要素的调查，预测关键要素改进对提高顾客满意度的效果。自费耐尔（Fornell）博士提出顾客满意度指数以来，以市场导向、结果导向和顾客导向为基本特征的新公共管理运动，越来越多地把 CSI 引入到政府绩效测评考核之中。1936 年，美国行政管理学家迪莫克甚至提出，“顾客满意标准在政府运作过程中的运用应当与在企业中应用一样广泛，如果行政官员能够像企业管理者那样始终关注最终结果，即顾客满意度，那么内部行政运作亟须改革以改善服务就不言自明了”。

我国满意度指数（CCSI）测评体系构建较晚，目前在消费者对市场产品质量和服务评价领域应用较多。近年来，顾客满意度理论在我国公共品供给绩效评价研究领域得到越来越广泛的应用，不少学者将这一理论引入政府绩效评估研究之中。徐友浩、吴延兵（2004）运用顾客满意度研究方法对政府管理部门绩效评估进行案例分析，论证了顾客满意度评估政府绩效的特点和可行性。张劲松、涂益杰（2006）在县级政府能力绩效评估中，把公众当成顾客引入“顾客满意程度”方法，评价县级行政组织管理绩效。刘武、杨雪（2006）讨论了政府公共服务的顾客满意度测量方法，提出适当采取公共服务满意度自下而上的评估测量方式，以推动政府公共服务全面质量管理的顾客导向。曾莉（2006）认为，以公众满意度为导向评议政府绩效是构建现代高效型政府的必然要求。学者们对公共管理领域引入顾客满意度理论，以及如何在政府部门建立顾客满意度评估体系作了深入研究。他们认为，顾客满意具有有限性和多层次性特点。因此，有必要建立专门评估小组对顾客满意度进行评估，确定评估指标和权重，收集数据并进行科学分析，针对评估结果建立完善的反馈系统和监督机制。

顾客满意度理论在“三农”领域的应用性研究更晚，也较简单。近年来，顾客满意度理论主要在农村公共品供给绩效评估中得以应用。徐双敏（2006）针对（湖北）咸安区“以钱养事”的农村公共服务改革，进行了农民满意度研究。他们的研究认为，农民对改革后的公共服务“基本满意”，并深入分析了形成这一结果的深层次原因。何精华、岳海鹰、杨瑞梅（2006）等，综合世界银行和国际上通行的公共服务满意度测评方法，结合我国实际对 7 大项 21 个子项目农村公共服务满意度进行了农民问卷调查，分析了不同地区农村公共服务满意度差距形成的原因。陈俊红、吴敬学、周连弟（2006）等对北京市新农村建设与公共产品投资需求进行了“参与式快速评估法”（即 DIY 调查表）调查，并根据“顾客满意度”结果进行了农村公共品供给优先次序排列。李强、罗仁福、刘承芳、张林秀（2006）等应用“顾客满意度”理论，对新农村建设中农民的农村公共物品投资意愿进行实证分析。他们的调查遍布全国 2400 多个村，集中分析了道路、学校、灌溉水、饮用水、诊所和生活垃圾处理等 6 种重要的投资项目，分析结果显示，农民对于公共服务的满意程度，环境敏感地区和非环境敏感地区有较大差异。马林靖、张林秀（2008）分析了农户对其所在村灌溉设施投资状况满意度，以及是哪些因素在影响他们的这种评价。樊丽明等（2009）、杨华领等（2009）对农民的新型农村合作医疗实施的满意度及中部地区粮食扶持政策的农户满意度进行了研究，骆永民、樊丽明（2008）对山东省 44 个行政村的农村基础设施的经济效应及农民满意度研究；李燕凌、曾福生（2008）运用应用 Probit 模型对湖南省的农村公共品供给农户满意度及其影响因素进行了分析。

1.3.3 关于合作社农户对政府扶持政策需求及优先序的研究

近几年文献对政策扶持优先序的研究主要集中在农户生产技术需求的优先序、农民专业合作社的发展现状及影响因素。如张耀刚（2007）分析了不同特征和禀赋的农户在选择农技服务时的需求意愿及影响因素。得出的结论为：农户在技术服务的选择上，仍优先考虑产前和产中技术，较少考虑供销信息和加工贮存等产后技术，特别是病虫害防治技术服务成为第一需求，反映了近几年农作物病虫害危害的严重性。影响农户选择技术服务的因素除了农户自身特征和土地禀赋等一般变量外，培训是激活农民技术服务需求的重要因素。周波（2012）通过运用列联表分析与计量模型法，推导出雇佣劳动力成本、政府奖励及扶持力度、农业技术变化评价、农机具补贴情况、丘陵地形对物化型技术需求有显著性的影响，收入水平状况、雇佣劳动力成本、基础设施条件、农机具补贴落实情况与丘陵地形对操作型技术需求有显著性影响。张开华（2007）通过对农民专业合作社的调查，认为我国专业合作社目前存在的问题是组织化程度低、规模小、不规范、凝聚力不强。赵国杰（2009）把农民专业合作社分成四个阶段，政府在合作社发展的四个阶段要转换不同的角色，服务于农民专业合作社，促进合作社的进一步发展。郭红东（2009）基于浙江省部分农民专业合作社的调查，应用浙江省农民专业合作社的调查数据，对影响合作社成长的因素进行了实证分析。研究结果表明，农民专业合作社的物质资本资源对合作社的成长影响最大，组织资本资源也有较大影响，而人力资本资源对当前合作社成长的影响并不明显。Egerstrom（2004）运用波特的竞争优势理论系统分析了合作社发展的外部环境影响因素，他认为，合作社与企业一样，其发展不仅受到同行业的竞争者、原料供应者、产品购买者以及潜在替代者的影响外，还受到政治环境、文化环境等多方面因素的影响。通过阅读文献可以看出，很少有学者从农民专业合社对扶持政策需求的角度，分析农民专业合作社对扶持政策的需求优先序。

1.3.4 关于农民专业合作社绩效的研究

Ferrier 和 Poter（1991）采用 1972 年的截面数据对美国牛奶加工合作社的绩效进行了考察。研究发现，与非合作社企业相比，合作社在技术效率、分配效率和规模效率三个方面都比较差，作者认为，政府的优惠待遇是合作社能在市场上保持竞争力的重要来源。然而，Gentzoglanis（1997）利用 1986 年到 1991 年的年报资料对加拿大牛奶合作社的研究却发现，合作社与非合作社在一系列财务和经济指标（流动性、借贷机会和收益性）上几乎是相当的。利用相似的方法，Lerman 和 Parhament（1990）对水果、蔬菜和牛奶产业的合作社和投资者所有企业在 1976 年到 1987 年间的财务绩效进行了分析。研究显示，与投资者所有企业相比，合作社在收益率、借贷机会和利息偿付率方面都不逊色甚至更好，并没有发现支持合作社存在固定资产过渡投资和道德风险假说的明显证据。因此，作者得出结论，业界存在的标准的财务分析很可能迫使合作社事实上接受与投资者所有企业一样的目标。为了探讨英国的同一产业中农业合作社的绩效是否真的低于投资者所有企业，Hind（1994）采用 34 家农业合作社和 82 家非合作社企业 1992 年的数据做了一项实证研究。研究结果显示，依据收益率、资本增益和流动性，合作社企业与非合作社企业没有明显的区别；在经营效率指标上两者也没有什么差别，然而，在库存（商品）周转率和负债比率指标上合作社显著地高于非合作社。总而言之，在同一产业内合作社企业的绩效并不比非合作社差（Hind，1994）。

值得注意的是，除了纯粹的经济绩效的考虑外，学者们同时注意到合作社在农村社区发展、教育、沟通政府和社会事务管理等方面的作用。Trechter（1996）认为，合作社是促进农村发展的一个有力的工具；首先，合作社是农村地区普遍熟悉和认可的一种经济组织形式；其次，合作社一般都深深地植根于它所服务的社区（与其他组织形式相比，合作社的主要目标是改善它的使用者——也是其所有者的福利，因此，合作社没有动机为了提高投资回报而迁移到其他地区）；再者，合作社是农村地区的重要商业形式之一，围绕合作社业务组织商品和服务切实可行。Lorendahl（1996）总结瑞典的经验发现，合作社在就业、基础设施建设和商业发展等方面对地方经济发展都有积极影响。Staatz（1983）的相关研究也表明，合作社有利于维持就业、提高农民收入和促进农村社会发展。合作社的角色与一些公共政策目标的一致性，还有利于解决环境管理和农村可持续发展问题。Gertler（2001）指出，合作社天然有利于可持续发展：①在定义上，合作社把经济的、社会的和生态的目标统一在一起；②建设和强化社区是促进可持续发展的有效措施；③有能力制定和执行长期规划；④能减少不平等和促进可持续发展的成本，增加受益的公平性；⑤具有促进交流、培训和教育的能力。

关于合作社市场绩效的测度，使用比较多的是财务比例分析 Barton，Sehroeder & Featherstone（1993）发展了一套财务绩效指标，来测量与合作社规模之间的关系，并把投资者所有企业与合作社的财务绩效进行比较。这些财务指标包括，资产的名义价值、资产回报率、毛利率、生产能力比率、变动成本比率、流动比率。类似的，还有很多研究者采用财务比率分析方法（Keeling，2005）。财务指标具有客观性的特点，这是其被采用的主要原因。对合作社绩效的考察，除了财务指标外，还需要关注其他的方面，例如，市场发展、产品发展、研究与开发、劳动关系、生产力以及社会责任等。总而言之，平衡财务绩效和非财务绩效对任何企业（包括合作社）的成功都是至关重要的

(Hilmer&Trieker，1990)。

我国学者对农民专业合作社的绩效进行了一些探讨（孙艳华、周力、应瑞瑶，2007；张木生，2005；刘滨，2009；李道和，2015)。孙艳华、周力、应瑞瑶（2007）利用江苏省养鸡行业的调查数据，对农民专业合作社的增收绩效进行了实证分析，研究结果表明：①与独立养殖相比，加入合作社的农户能获得更多的养殖收入；②合作社内部功能与原则的差异引起了不同合作社社员之间的增收绩效差异；③与独立养殖相比，农户通过合作社的“利润返还”、“饲料上门”、“苗鸡上门”和“防疫上门”等功能与服务实现了较为显著的增收绩效。刘滨（2009）认为农民专业合作社是多元属性的集合体，因而测度指标应当是多元的。因此选取评价指标时应当遵循以下几个原则：一是既要考虑主观绩效，又要考虑客观绩效；二是既要考虑已获得的绩效，又要考虑发展潜力和社会影响；三是评价主体的多元性，既要考虑政府的评价，又要考虑合作社自身的评价，也要考虑社员的评价；四是既要注重其经济绩效又要注重其社会绩效。

1.3.5 文献评述与本书研究思路

国内外现有研究成果为本书提供了理论指导，为我们更好地把握农户加入农民专业合作社的影响因素有非常重要的借鉴作用。但通过综述现有文献，我们发现目前的研究存在以下几方面不足：

(1) 虽然理论界关于农民专业合作社的研究成果比较多，但当前以分析某一特定区域农户加入农民专业合作社影响因素的定量研究还比较少。

(2) 国内学者主要关注农民专业合作社的建立，而农民专业合作社的绩效如何？受哪些因素的影响？农民专业合作社对于政府的扶持政策的满意度如何等方面的研究成果还不多见。

(3) 现有农民专业合作社的扶持政策大多是自上而下型的，缺乏基于农户需求角度的考察。

本研究以江西为案例区，通过深入访谈、调查，运用 Probit 模型考查农户加入农民专业合作社的意愿（行为）的影响因素及其作用机理；利用结构方程（SEM）模型分析农民专业合作社绩效的影响因素及其作用机理；实证分析合作社农户对农民专业合作社扶持政策的满意度及需求优先次序，构建农民专业合作社的政府扶持机制。

2 扶持农民专业合作社的现实背景与理论依据

2.1 现实背景

2.1.1 能够解决农户分散的小生产与大市场的对接问题

中国是农业大国，农业和农村的发展直接制约着中国经济的发展。在现代经济中，要将农业发展好，离不开规模化、组织化的建设。自改革开放以来，市场经济的广泛开展使中国农民作为独立的市场主体直接参与到市场经济的竞争当中。随着市场的进一步发展，如果农民继续以单纯的个体进入市场将会遭遇很多困难。第一，农业与生俱来的自然风险和市场波动的风险，并且伴随着我国市场经济进一步发展以及经济全球化的加剧增大了市场风险的不确定性，农民的处境将更加艰难。第二，在市场经济条件下，农户作为独立民事主体分散进入市场，进入市场进行交易的成本极为高昂，这种昂贵的成本甚至有可能使农户的最终利润接近零。第三，单独的农户在农业生产经营方面也比较吃亏，由于生产规模小，劳动生产效率低，农业机械化的运用和农业科技化的推广难以展开，更不利于培育先进的农业管理机制。农民专业合作经济组织的出现能够很好地把农民组织起来，使农户积聚在一起以一个集体的身份进入市场，既减小了市场风险，降低了交易成本也有利于农业机械化、科技化、专业化的推广和管理机制的实施。农民合作专业合作社的出现，有利于提高农民组织化程度及抵御风险的能力，提高单个农户参与市场竞争的能力，从而实现分散的小农户与外部竞争的大市场之间的有效对接，这些农民专业合作组织围绕当地农业主导产业发展，为广大农户提供农资供应、产品加工、市场信息、技术交流与培训等各项服务，合理优化配置资源，形成生产、加工、销售一体化的科技产业链，有效地解决了农户分散的小生产与大市场的对接问题，维护农民利益，增加农民收入，同时也是农户与政府沟通的桥梁，并且有利于促进农业结构的调整和农业产业化的经营，对稳定农村经济发展等都有积极的作用。

我国的农民专业合作社始于 20 世纪 80 年代中期，是农户专业合作经济组织当中发展较快的一种。国家在 2007 年 7 月 1 日施行的《中华人民共和国农民专业合作社法》为农民专业合作社参与市场竞争提供了法律保障，使其与市场上的其他经济主体处于平等的法律地位，保护了农民专业合作社及其成员的合法权益，为农民专业合作社的健康发展产生了积极的作用和影响，加速了我国农业现代化的进程。就目前看来，专业合作社在数量上有了进一步的发展，但与国外其他欧美国家相比差距较大。根据 2016 年的全国农民专业合作社登记注册数据及入社农户情况显示，我国依法登记的农民专业合作社 166.9 万家，实有入社农户占全国农户总数的 42.7%。但在欧美发达国家，参加了一个以上不同类型的合作社农场主占到 80%，生产资料通过合作社采购的农民有 1/3 以上，1/3 以上的农产品通过合作社加工和销售。总体上看，当前我国农民专业合作经济组织呈现良好的发展趋势，但与发达国家的农民合作经济组织相比，仍处于初级阶段，主要表现为：从组织发展看，发展速度较快，但普遍存在规模不大、覆盖面小、实力薄弱等问题；从行业分布看，以种植业、养殖业居多；从组织形式看，以松散型结合为主，联合使用生产要素而结成经济实体的还很少，服务水平低；从内部机制看，相当部分的合作社民主管理、利润返还等制度还不够规范。

为什么我国农户入社比例不高？影响农户加入农民专业合作社意愿与行为的关键性因素有哪些，政府应如何促进其发展？江西是农业产出大省，据江西省农业厅统计，全省农民专业合作社户数达 53 965 户，农民专业合作社联合社 185 户，全省农民专业合作社成员总数达 90.20 万人。这些农民专业合作社涉及种植业、养殖业、加工、运输、服务业等各个产业领域，有力推动了江西社会经济的发展。但是，由于各种原因，当前仍然存在大多数农户加入农民专业合作社意愿不强、农民专业合作社绩效不佳的现实。因此，如何科学引导和扶持那些在市场经济浪潮中已经获得一定成功的农民专业合作社，发扬其示范带头作用，吸引更多的普通农户加入农民专业合作社，带动更多农民专业合作社的建立和良好发展有重要的现实意义。

2.1.2 工业反哺农业政策需要选准有效载体

“在工业化初始阶段，农业支持工业、为工业提供积累是带有普遍性的倾向；但在工业化达到相当程度后，工业反哺农业、城市支持农村，实现工业与农业、城市与农村协调发展，也是带有普遍性的倾向（胡锦涛，2004）。”

工业反哺农业，实质就是要改变农业和农村在资源配置和国民收入分配中所处的不利地位，加大公共财政支农力度，让公共服务更多地深入农村、惠及农民。也就是，当工业化和城市化发展到一定阶段之后，长期以来一直由农业和农村“哺育”国家工业化的政策格局和制度安排就要进行调整，减少从农业和农村的“取”，加大对农业和农村的“予”，实行工业反哺农业、城市支持农村的政策取向。

据财政部、农业部统计，按中央1号文件中明确的“持续加大财政用于‘三农’的支出”，“十三五”期间中央财政对“三农”的支持将在每年1万亿元的基础上逐年递增，而投入的方向除了重点加大对种粮农民的“四补贴”之外，新增补贴将向包括粮食在内的主要农产品重点大县、农业产业化龙头企业、种养大户和农民专业合作组织倾斜。

近年来中央财政对“三农”的投入都在逐年加大。2012年，中央财政用于“三农”的支出合计12 387.64亿元，2013年，中央财政用于“三农”的支出安排合计13 799亿元，增长11.4%，2014年年初中央财政对“三农”的支出安排是14 002亿元，比2013年增加14.9%；2015年的预算安排是17 576.8亿元，比2014年增加25.5%；地方财政也加大了对“三农”的投入，有力地促进了农村经济社会发展和农民增收。我国长三角地区工业反哺农业的实践经验比较丰富，学者们经过研究分析认为，①专业合作社是工业反哺农业的重要途径，在促进农业发展、农民增收中的作用不可替代；②工商企业直接投资农业项目、工商资本转向农业资本是工业反哺农业的主要实现形式；③培育农业龙头企业，有利于促进区域农业产业化、集约化、规模化发展，是工业反哺农业的重要途径。我们发现，经过合作社组织起来的农民以及工商资本转向农业成为农业龙头企业使得工业反哺农业具有了组织化的建设主体和实体经济，这应当是工业反哺农业的微观组织、制度基础。

2.2 研究理论基础

2.2.1 市场失灵与政府失灵理论

经济学理论认为，市场机制本身的某些缺陷和外部条件的限制，使得单纯的市场机制无法把资源配置到最优的状态，这就是我们通常说的“市场失灵”。由于存在市场失灵，需要政府对经济发展进行调节。与市场失灵而言，政府在力图弥补市场缺陷的过程中，又会产生另一种缺陷，即“政府失灵”。诺贝尔经济学奖获得者保罗·萨缪尔森认为政府政策或集体行动所采取的手段不能改善经济运行的效率或导致道德上可接受的收入分配时，政府失灵便产生了。

我国农业是关系国计民生的重要产业，但农业本身面临较大的自然风险和市场风险，具有弱质性，单纯依靠市场调节很难实现资源的优化配置，需要政府介入。农民专业合作社是脱胎于农业，以农民为主体的经济组织。与其他组织形式相比，这种组织形式具有较高的正外部性，但却在获取信息、参与市场竞争方面具有弱质性，而且其内部制度安排容易出现"搭便车"问题，因此，为了避免市场缺陷，需要发挥政府在促进农民专业合作社发展中的作用。

2.2.2 公共政策理论

公共政策理论是以政府为代表的公共权力机构对社会公众问题的解决，表现为通过民主政治程序制定和执行的行动方针和行为准则。它集中反映了国家控制和指引社会的行为，体现了国家保障社会良性运转和协调发展的目标。公共政策的形成是一个政治过程，需要经过政策问题的产生与发现、政策问题认定、政策规划及其合法化、政策执行、政策评估与终结等过程。现代社会的突出特征表现为价值、利益的多元化与政治民主化，因此，公共政策形成的政治过程集中体现为一定规则或社会体制下的政治互动，即各种利益与价值在一定规则下的相互影响、协商并最终取得一致意见的过程。

通过政治互动过程，在政策形成中集中民众意愿，并从众多利益与价值要求中进行选择，均衡多元利益，使政策呈现出公共性特征。经过合法化的政策一经发布即成为公众的行动指导。政府关于农民专业合作社的政策形成过程中也同样需要经过这种政治互动过程。

2.2.3 满意度理论

1802 年，英国的 Bentham 就提出了研究用户满意的问题，1935 年，美国的学者首次提出了顾客满意度理论，随后应用到了经济发达国家的实践中。1989 年美国学者费耐尔（Fornell）博士在借鉴前辈的相关理论研究成果的前提下，提出组建一个经济学模型，把购买价格、顾客期望、购买后感知等因素归纳进来，即形成了费耐尔模型。再对费耐尔模型进行微分最小二次方，最后结果算出的指数就是顾客满意度指数（CSI）。人们可以通过这模型对可能影响顾客满意度的要素进行调查分析，预测重要影响因素，从而提高顾客满意度。其后出现了以结果导向、顾客导向和市场导向为基础的新公共管理运动，政府绩效考评研究中逐渐的引入了 CSI。

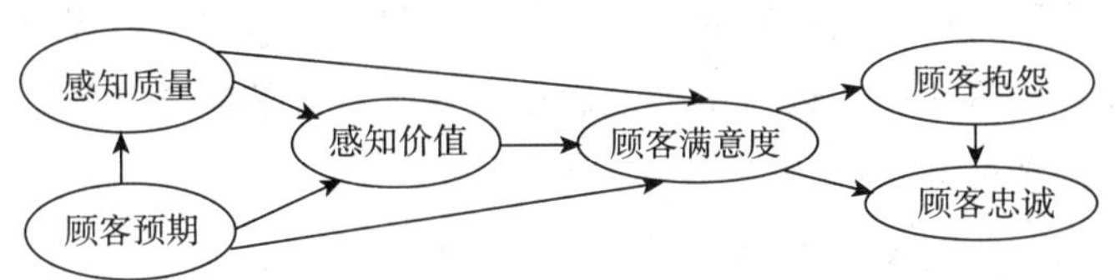

图 2-1　顾客满意度模型

在图 2-1 模型中，顾客满意度是置身于一个相互作用影响的系统中，由顾客的感知质量、顾客的预期、感知价值、顾客满意度、顾客忠诚和顾客抱怨等 6 个变量组成，每个变量联结一个或几个观测变量，观测变量可通过实际调查收集数据。其中顾客预期、感知质量和价值这 3 项前提变量决定着顾客的满意程度，由于这 3 个系统的输入变量的作用，得到了 3 个结果变量即顾客忠诚、顾客抱怨和顾客满意度，最终得到顾客满意度模型。

我国构建满意度指数测评体系比较晚，应用较多的领域在消费者对市场产品质量和服务评价。近几年来，我国运用顾客满意度理论比较频繁的领域是公共品供给绩效评价，而且有越来越多的学者在“三农”领域运用满意度理论，评价分析对农村公共品满意度，总之，在众多满意度评价分析中，无论是从研究内容还是方法看，都有多元化的趋势。

2.2.4　伙伴关系理论

伙伴关系理论是当前政府与合作社关系的理论中影响力最大并被基本认可的理论之一，这一理论为 ICA 所倡导，简单说就是认为“国家与合作社之间是伙伴关系”。所谓伙伴关系，从两个方面解释，一是强调合作双方的平等独立，特别是合作社的独立性，政府不能越位。二是双方彼此需要，共同合作才能达到共赢，特别是政府应给予农民专业合作社强大支持。主要因为从政府层面来说，农民专业合作社的出现加强了对政府的监督和制约，使政府决策向科学化、民主化方向发展，更好的实现政府职能。专业合作社组建以来开始承担了大量的原来由政府承担的社会管理职能，使得政府可以从大量繁琐的微观管理领域中退出，集中精力搞好对社会经济的宏观调控，实现政府职能的根本性转变；从合作社方面来说，作为社会弱势群体及具有公共物品性质，为实现其目标，必须寻求外界的帮助，而外界帮助最初只能来源于政府。许多国家在专业合作社的社会经济发展中发挥着重要作用，使得合作社获得了财政支持及税收信贷等的优惠。随着农业产业化、规模化及新农村建设的需求，政府支持合作社的发展既对合作社发展有利，又符合政府目标，应当有权通过制定政策来扶持合作社，扶持农民，进一步为他们创造一个良好的法律和政策环境，以使合作社能够得到更好发展。

2.2.5 公共物品理论

公共物品理论属于新古典经济学中的经典理论之一。由于公共物品指同时满足非排他性和非竞争性这两个特征，农民专业合作社具备这两个特征，本身就是公共物品。首先，农民专业合作社倡导平等、自愿、互利原则，在专业合作社内部，成员之间是互助互利的，为分散的弱势农民群体提供了一种合作平台；合作社在建立、运作中发生的费用，在一定程度上一般社员的加入不会引起生产成本的增加，是非竞争性的。其次，大多数农民专业合作社遵循“入社自愿，退社自由”的原则，加入合作社门槛低，简单来说就是当某个社员加入合作社时，并不排除其他个人及团体加入这个组织，具有非排他性。所以农民专业合作社符合公共物品属性。只要是公共物品，就会存在“搭便车”现象，有些社员为享受合作社的好处，会想方设法逃避相关义务，如不缴纳费用等，而在自己需要销售产品或新的农业技术时，合作社会为其提供服务，如果长期存在这种搭便车现象，会影响到合作社的健康发展。

从新古典经济学相关理论分析，对于公共物品，存在市场失灵的情况，市场机制难以在一切领域达到帕累托最优，单靠市场来调节，供给会出现严重不足。因此必须依靠政府帮助改善公共物品或劳务。我国农民专业合作社的发展处于过渡转型时期，以公共产品理论为基础来分析制度变迁是必要的。从广义上讲“制度”和“政策”也是公共产品，所以，政府应通过相关政策来支持和推动农民专业合作社的发展，从外部环境上加大制度供给。

2.2.6 外部性理论

外部性亦称外部成本（External Cost）、外部效应（Externality）或溢出效应（Spillover Effect）。从经济学的角度来看，在20世纪初，外部性的概念是由马歇尔和庇古提出，指一个经济主体（生产者或消费者）在自己的活动中对旁观者的福利产生了一种有利影响或不利影响，这种有利影响带来的利益（收益）或不利影响带来的损失（成本），都不是生产者或消费者本人所获得或承担的，是一种经济力量对另一种经济力量“非市场性”的附带影响。外部性的存在造成社会脱离最有效的生产状态，使市场经济体制不能很好地实现其优化资源配置的基本功能。外部性依据作用效果进行分类分为正外部性（Positive Externality）（外部经济或正外部经济效应）和负外部性（Negative Externality）（外部不经济或负外部经济效应）。

农民专业合作社将分散的农户组织起来，提高了农户与购买商的谈判地位，提高了市场农产品市场价格，使生产更具市场化和规模化，提高了农业生产绩效，农户从中得到好处，还给其他公司提供了外在激励，提高了他们的竞争性，取得了良好的社会效应，所以对于农户和其他市场主体都具有正外部性，带来了额外的社会利益。新制度经济学家诺斯认为：合作社不但可以直接进行市场活动，而且还可以作为度量支配着市场渠道的其他公司绩效的一个尺度。根据外部性理论的解释，由于经济活动的某种影响没有通过市场机制的作用而内生化，农民专业合作社无法从正外部性中获得足够的回报，结果必然导致合作社对所需资源的配置缺乏效率。外部性存在的情况下，市场竞争不能达到资源的有效配置，市场竞争机制的结果导致生产和消费不足，“市场失灵”问题，而这种外部性的存在通常需通过有关政策进行矫正才能解决这一问题，来对正外部性进行弥补，同时也是对现实市场和理想的完全竞争模式之间差距进行弥补。所以我国政府应采取适当的措施对农民专业合作社的健康发展提供保障。

2.2.7 制度变迁与创新理论

在新制度经济学中，制度变迁包括制度的替代、转换、交易三个主要过程。制度的变迁本质是一种效率更强的制度来替代旧制度，简称为制度的交换过程。制度创新是指制度的革新、改革等，用新的更有效率的制度来替代原有的制度以取得更大的制度净收益。制度变迁、制度创新都会产生制度成本。农民专业合作社的建立，本质是市场经济条件下外部利润诱导下自发进行一种诱致性制度创新，它承担着经济和社会的双重职能。以我国的实际情况来看，农民专业合作社不仅是农民自愿参与成立的，同时也有能人大户、企业、政府牵头成立的，可见，专业合作社这种制度创新并不是单个角色独自推进的结果，而是需要两个或多个主体组合起来共同参与，相互补充和协同推进。农民专业合作社作为一种特殊制度，它的建立、健康发展和有效运转，要承担因体制和外部环境不顺而造成的高昂摩擦成本与运行成本。但合作社自身无力也不可能独自承担高昂成本，因此离不开外界力量——政府的支持和保护，只能依靠政府来消除。

农民专业合作社向快速健康、更高层次、更广范围发展目标的实现，必须依靠由多个创新主体来共同分担和化解制度创新中的成本。实现合作组织创新成本的合理分摊和化解，应将民间创新主体的自发创造与政府推动有机结合。一方面，要进一步强化农民在专业合作社建立和发展中的主体作用，另一方面由政府担任“第二行动集团”。政府作为其中一个重要的创新主体，职责应是努力弥补市场缺陷，为市场中的经济组织提供一个公平竞争的法律政策环境，让市场机制充分发挥作用，协助民间主体实现制度创新，推动合作社发展壮大。

3 农户加入农民专业合作社意愿行为

3.1 农户加入农民专业合作社意愿行为的理论分析

农民专业合作社是在农村家庭承包经营基础上，同类农产品的生产经营者或者同类农业生产经营服务的提供者、利用者，自愿联合、民主管理的互助性经济组织。农户作为农民专业合作社的主体，其意愿行为直接关系到合作社的发展，因此分析影响农户加入农民专业合作社意愿行为的主要因素具有重要的现实意义。

3.1.1 农户加入农民专业合作社意愿行为因素的理论前提

新制度经济学认为，制度始终处于一个变迁的状态，这种变迁是制度之间替代、转换和交易的过程，按照向效益更高的方向变迁。变迁的主体既包括个人也涵盖了自愿联合团体和政府。制度变迁是制度创新的动力和阻力相互作用的结果，制度创新是由于在现存制度下，人们通过扩大市场规模、发展生产技术后发现他们的成本收益有了改变，从而存在潜在的获利机会。个人追求利润最大化是制度创新的动力。与此对应的是形成规模经济的条件限制、外在环境制度化的困难、各种风险的担心、市场失败与政治压力等原因又是必须考虑的潜在成本，同时也成了制度创新的各种阻力，这些阻力使得潜在的利润无法在现存的制度下实现。因此，在一些人认为潜在的利润大于这些障碍所造成的成本时，即动力大于阻力，一项新的制度就应运而生，否则就不会出现。

依据上述理论做出两点假定：①农户合作的意愿行为是基于自身条件和外部的自然、经济、社会等环境因素的刺激下所采取的有规律的反应或活动，它是农户微观经济活动和宏观社会经济环境综合作用的结果，是一种复杂的经济行为。②根据理性人假设，农户一定环境约束的条件下，总是以追求自身利益最大化为基本目标。在给定的限制条件下，农户会理性地选择进入市场的方式，进行成本与收益比较对各种组织与制度做最优的选择。

本书将现阶段我国农民专业合作社的建立和发展作为一项制度创新，它是经济当事人在外部利润的引导下进行的。在这项制度形成之前，农户分散经营的制度是主导。然而，当农户意识到这种分散经营的制度再也无法获得潜在的利润时，就产生了建立农民专业合作社的需求，通过农户间的相互合作与联合，获得期望的规模效益。当然，建立、运营和维护农民专业合作社必不可少要花费一定的成本，这些成本主要包括农民个体之间寻求合作的谈判成本与合作社建立后要维持组织成员良好合作状态和保持高效运行必须支付的协调成本，农户只有在合作的收益大于合作社创新成本时，才会选择通过合作的方式进入市场，进而真正的农民专业合作社这样的制度创新才会产生。

3.1.2 影响农户加入农民专业合作社意愿行为的因素

农户是否加入农民专业合作经济组织受到多方面因素的影响。从目前了解到的研究成果看来，本书把这些因素归纳为内部自身条件和外部环境这两个主要部分的制约。内部自身条件主要指农户户主的个人特征和家庭特征，外部环境因素主要包括农户所在村的区域特征、农产品与技术环境特征、社会经济文化环境特征和政策支持特征（图 3-1）。

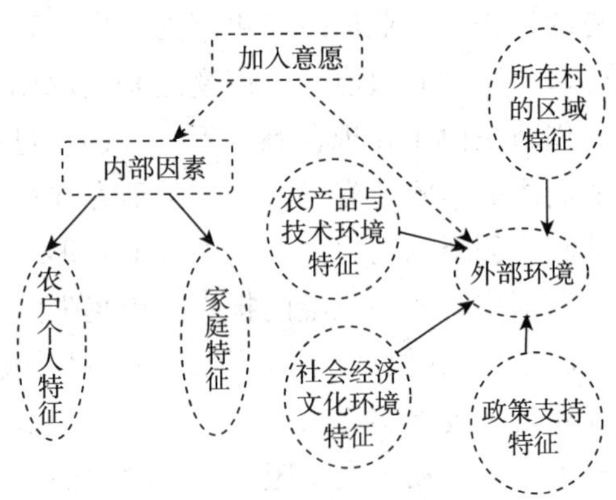

图 3-1　影响农户加入农民专业合作社因素的理论模型

3.1.2.1 所在村的区域特征

所在村的区域特征包括所在村是否在城郊、分别距乡镇和县城的距离、村加入农民专业合作社的户数占全村户数的比例、所在村是否有农民专业合作社、与周围村相比所在村的居民收入水平如何、与周围村相比所在乡镇经济发展水平如何。处于城乡结合部的村庄能够享受到城乡发展的辐射带动作用，对当地农业的发展有积极的促进作用。通过农户对村入社比例高低的反馈可以了解到合作社在农户当中得到了多大程度的认可，其做出的成绩得到了多大程度的肯定。与周围村相比，居民收入水平的高低和发展水平的高低，可以量化合作社的效果和城乡中心辐射带动的作用有多大（表 3-1）。

3.1.2.2　农户个人特征

户主在一个家庭中担当生产经营的决策者和主要参与者的角色，在这里考察户主个人特征主要包括：性别、年龄、文化程度、合作偏好。

性别这个变量对农户加入农民专业合作社的影响方向并不是那么明显，虽然在一般情况下，男性好奇心重，比女性更爱冒险，更愿意尝试并容易接受新鲜事物。而女性受身体条件等方面因素的制约更倾向于加入农民专业合作社，但二者之中哪个更加显著有待进一步判断，不能过早做出假设。究其原因在于，一方面，年龄越大的农户对农民专业合作社的认知程度越低，越趋向于保守，不愿接受新鲜事物，特别是经历过 20 世纪 50 年代的农业合作化运动的年长农户，可能权益受过损害，故对它的依存度较低。另一方面，由于规避风险和寻求稳定的需要，特别是那些年长的农户在生产经营过程中遇到的困难过多，处理问题时也意识到了自身的局限性也大，更需要借助于合作社的帮助。已婚的比未婚的更加追求稳定，不愿承担风险，倾向于加入合作社谋求发展。

理论与实际研究表明，受教育文化程度越高的农户知道信息资源的价值，比受教育文化程度低的更容易接受新生事物，知识的学习与运用能力较强，能够将掌握的技术物化到生产经营的农产品当中。因此会较为主动地去了解农民专业合作社，会比较积极地加入到合作社。本书以学历水平作为划分文化程度的标准。

合作偏好在农户个人特征这一块是考察农户加入意愿行为的重点因素，它反映了农户对合作的认知程度，在很大程度上决定了农户是否愿意加入农民专业合作社。

3.1.2.3　家庭特征

考虑到父母亲文化程度与户主青少年期个性的形成有密切关系，与户主的社会适应性显著相关，研究中将父母亲的文化程度纳入家庭特征中。这里我们假设父母文化程度高的家庭，其子女的社会适应性较低，因为其父母均会给予较多的保护，这样子女在今后的工作生活中，寻求合作的倾向比较大，而作为文化程度较低的父母，子女受到的保护较少，所以独立自主的习惯较易形成。

收入是直接制约农户加入农民专业合作社的关键因素，农户分散经营的人均纯收入若高于参与农民专业合作社入社农户的收入，那么就无法吸引更多的农户加入进来，而且原有社员也会逐步从合作社当中退出来，最终农民专业合作社也将难以生存下来。随着大量农民向二、三产业的转移，农民收入形式日益多样化，打工收入（非农收入）占农民总收入的比重不断加大，对农业的依赖日益减弱。农民外出务工就是一个典型的例子，常年在外打工的农户可能对农业已不再重视或者根本就不再从事农业的生产经营，所以不太愿意加入专业合作社。由于非农经营活动的广泛开展，花在农业上的时间和精力就大大地减少，农民专业合作社成为有效解决这一问题重要渠道。同时，由于例如突发性灾难等其他原因导致劳动力减少的农户家庭，农业生产经营很困难，也非常愿意加入农民专业合作社。故这两个变量对参加专业合作社的预期影响为负相关。理论上，一般经营规模大的农户在生产经营过程中投入的技术、资金及精力较多，承担的风险也比较大，并且产品的销售过程中遇到的问题比一般小规模经营农户要多，因而参与专业合作社的愿望比较强烈。

农户各种社会关系资源状况的调查是考察农户获取信息的难易程度，本研究假设它与合作社的关系显著相关，因为合作社的社会关系资源是非常丰富的，它能及时地把握市场动态，使入社的农户能够轻易地通过合作社获取利于生产经营的信息资源，对于社会关系资源稀缺的农户有巨大的吸引力。如农户觉得自己的各种社会关系资源足以使其的生产经营活动能够正常运营，那么加入合作社就会觉得毫不必要，而且使自己的灵活性降低。

3.1.2.4 农产品与技术环境特征

农产品技术环境特征是从农业产业链的角度来分析农产品从生产到销售这个流程中存在的许多非常重要的环节。农产品类别主要有粮食作物、瓜果蔬菜、养殖类、林业产品和其他。粮食作物和瓜果蔬菜类主要强调农产品的保鲜经营，因此需要农户投入大量的资金和技术用于生产销售，承担的市场风险较大。养殖业具有资产专用性强、生长周期很长、资金回笼慢的特点，属于农业中的重工业，也是一项资金技术密集型的行业。林业具有生产周期长、见效慢、商品率高、占地面积大、受地理环境制约强、林木资源可再生等特点，同样也需要大量的资金投入和技术支持。所以我们在这里也调查了农户在这些农产品类别中对技术和资金需求的看法。销售渠道一直是农户非常关心的问题，一个良好的农产品市场能够解决农户销售遇到的困难。通过调查农户从事的农产品在销售过程中是否需要销售帮助和生产的农产品主要是销往本县还是本县以外的市场来评价当地的农产品市场发展状况。本书用农产品年销售量占生产量的比例来度量农产品的商品化程度，商品化程度较高的农户，他生产的农产品的投入产出也比较高，经济效益也比商品化程度低的农户要好。但同时经历的生产与销售的风险也要大。农产品市场价格波动较大的话，农户面临的生产经营风险也就大。这里谈到的六点都是农民专业合作社在农产品与技术环境特征这一方面涉及的有能力处理的问题。

3.1.2.5 社会经济文化环境特征

涉及社会经济文化环境特征的因素有：当地的农产品市场发育程度、购买农业资料的难易程度、干部的工作作风、基础设施如何、国家的经济形势如何、兼业化程度、人均土地规模、规模化水平如何、获取生产资金（私人借款、银行贷款）的难易程度以及户主购买农业生产资料的难易程度。当地农产品市场发育程度直接影响农户是否加入农民专业合作社。一般说来，在发育程度较高的地区，农产品市场体系建立的比较完善，各种农产品流通组织发展相对较好，农户销售农产品遇到的困难较少，对农民专业合作社的依赖性就弱。相反，那些因缺乏流通组织、滞销的农产品需要农民专业合作社予以解决，农民参与的意愿也就自然提高。当地农业生产资料是否容易购买和户主购买农业生产资料的难易程度是一个问题的两个面，是整体与局部的关系，因为单个户主购买农业生产资料的难易程度并不能代表当地整个农业生产资料的购买情况。将它们与农民专业合作社联系起来，是为了弄清楚合作社与当地整个农业生产资料市场的关系，还是单独解决每个独立的农户购买农业生产资料的困难，抑或是能够解决涉及两者的问题。我们知道农民专业合作社相对于农户来讲，购买生产资料更加容易，比当地的农业生产资料市场更专业、更安全，使农户更有保障。当地干部勤政廉洁、为民办实事的工作作风，能够赢得农户的信任，农户在农业生产经营过程当中遇到困难会向干部寻求帮助，这一点也与合作社发挥的作用有着一定的相似性。基础设施包括水利、道路运输、通讯设备等，具备了这些硬件条件能够给农户带来极大的方便。但是，如果与农业生产相匹配的基础设施不具备的话，对于农户个体来讲是没有能力购置的，这个时候农民专业合作社就能发挥人多力量大的优势，通过入社农户的集资购买来共同使用。国家的经济形势是中央政府经济政策的集中体现，是指导农业生产的风向标，对于农户和农民专业合作社同等重要。而人均土地规模和农业规模化水平则分别是从横向和纵向来调查规模的两个方面，农民专业合作社的生产经营就是一个高度规模化的模式，所以本书调查了当地的规模化情况是否达到了农户所期待的程度。要想获得生产资金，一个人总是没有一群人那么容易，更别提大额贷款了，作为农民专业合作社的社员，通过农民专业合作社获取生产资金，无论是私人借款还是银行贷款都是比较切实可行的，这大概也是吸引绝大多数农户的一个重要因素。兼业化程度较高的农户，其他非农收入较单纯的农业收入要高，农业专业性不强，对农业的依赖程度低，对参与合作社兴趣一般不大。

3.1.2.6 政策支持特征

当地政府的支持程度是指地方政府对农民专业合作社的各种扶持以及当地涉农服务部门对农民专业合作社的带动作用。政府的经济支持和政策的优惠可以减少农民专业合作社的创立成本和营运成本，产生了良好的广告效应，扩大了当地农民专业合作社的认知程度，为它的发展起到了很好的宣传作用。涉农服务部门的带动主要表现在政策和管理上，同样也促进了合作社的发展。对农户来说，这样既减少了入社成本也降低了加入的风险，有利于提高其参与农民专业合作社的热情。这里我们设置了从政府和农户双向调查的问题，既询问了农户对于各种政策的了解程度，也进行了农户对各种政策满意度、有效性和其他等方面的调查。

农民专业合作社主要具有提供服务、增加入社农户收入、良好的盈余状况下持续经营和保持良好的形象等四个方面作用。首先，合作社可以集体采购的形式降低农户的成本、通过技术帮助农户提高产量、利用较为丰富的销售资源解决农户的销售问题，有效增加社员的利润，大大提高农户对合作社的依赖性；其次农户加入合作社的收入逐年升高，表明入社农户的预期收益也相应地增长，对合作社的依存性应该也越高；再次，良好盈余状况下持续经营，让农户对农民专业合作社的信心更足，入社热情更高；最后合作社在行业当中的形象口碑越好，不仅能坚定已入社农户长期参与的决心，而且会吸引大批的农户积极参与到农民合作社当中来。

表 3-1　变量解释及其对被解释变量的影响预测

影响因素		预期作用
所在村的区域特征	所在村是否位于城镇郊区	+
	距乡镇距离、距县城距离	+
	所在村农户入社率	+
	所在村合作社数量	+
	与周围村相比，所在村居民收入水平	+
	与周围村相比，所在乡镇经济发展水平	+
个体特征	年龄	0
	婚姻	+
	文化程度	+
	合作偏好	+

（续）

影响因素		预期作用
家庭特征	父亲文化程度	+
	母亲文化程度	+
	人口数	−
	劳动力人数	−
	外出打工人数	−
	老年人数	+
	未成年人人数	+
	人均年纯收入	−
	农业收入大约占家庭总收入的比重	+
	打工收入大约占家庭总收入的比重	−
	生产经营规模	+
	各种社会关系资源状况	−
农产品与技术环境特征	农产品类型	+
	主要农产品技术含量	+
	农产品生产投入费用	+
	农产品年销售量占生产量的比例	+
	农产品生产过程中是否需要技术帮助	+
	农产品在销售过程中是否需要销售帮助	+
	农产品主要销往本县还是本县以外的市场	+
	农产品销售过程中价格波动程度	+
	农产品出现新的技术的频率如何	+
	所在区域是否经常有农业技术推广人员进行指导	−
	所在乡镇是否拥有一定数量的农业技术人才	−
社会经济文化环境特征	当地的农产品市场发育程度	−
	当地农业生产资料是否容易购买	−
	当地干部的工作作风	−
	当地的基础设施（道路、水电、通信等）	−
	当前国家的经济形势	−
	当前农户兼业化程度	+
	所在区的人均土地规模	+
	当地农业规模化水平	−
	获得的生产资金（私人借款、银行贷款）的难易程度	+
	购买农业生产资料的难易程度	+

（续）

影响因素		预期作用
政策支持特征	政策的制定	0
	政府对农民专业合作社的扶持力度	＋
	对农民专业合作社政策了解程度	＋
	对政府宣传有关合作社扶持政策的形式和力度的满意度	＋

注：“＋”代表正向作用，“－”代表负向作用，“0”代表作用不确定。

3.2 农户加入农民专业合作社意愿行为的实证分析

3.2.1 江西省农民专业合作社发展概况

自 2007 年 7 月 1 日《中华人民共和国农民专业合作社法》正式实施起，江西省农民专业合作社的发展呈跨越式的增长。

截止到 2016 年底，江西省工商局登记的数据显示，江西省农民专业合作社不断发展，覆盖面迅速提高，全省农民专业合作社户数达 53 965 户，同比增长 22.85％；农民专业合作社联合社 185 户，同比增长 54.17％；全省农民专业合作社成员总数达 90.20 万人，同比增长 18.22％。

江西省农民专业合作社逐步沿农业产业链延伸，主要涉及种植业、养殖业、农产品销售、农业生产经营有关的技术、信息等服务以及农业生产资料、农产品贮藏、农产品运输、农产品加工等行业。2016 年，全省农民专业合作社按行业分类，种植业仍居第一，养殖业增长速度最快，表明传统种养业仍然是江西省合作社的优势行业；农产品加工行业增长迅猛，表明江西省合作社逐步沿农业产业链爬升，呈现外延式发展。

农民专业合作社经营规模不断扩大。全省农民专业合作社出资方式为货币的占比高达九成。截至 2016 年底，全省合作社出资总额达 1 276.46 亿元，同比增长 26.02％，全省合作社出资规模在 500 万元以上的合作社有 7 957 户，增长 27.64％，表明江西省合作社经营呈现规模化趋势。

3.2.2 数据调查说明

3.2.2.1 问卷设计

在设计问卷之前，笔者作了大量的准备工作，通过与有关人员反复讨论，听取各方意见，查阅了大量相关文献并从中借鉴了一些宝贵经验，对问卷进行数次修改，形成了最终的问卷。

根据设定的研究目标，问卷一共分为七个部分：第一部分是所在村的区域特征调查，主要包括所在村是否在城郊、距离乡镇和县城的距离、村农户入社比、居民收入情况和发展水平状况的比较。第二部分是农户个人特征的调查，主要包括农户的性别、年龄、文化水平、合作偏好等情况；第三部分是家庭特征的调查，主要包括农户家庭的劳动力供给、经营规模、商品化程度、兼业化程度等情况；第四部分是农产品与技术环境特征，从农业产业链的角度来分析农产品从生产到销售这个流程中存在的许多非常重要的环节，如生产需要的资金、技术，销售的比例等；第五部分是农户所处的当地社会经济文化环境特征的调查，包括当地的农产品市场发育程度、购买农业资料的难易程度、干部的工作作风、基础设施如何、国家的经济形势如何、兼业化程度、人均土地规模、规模化水平如何、获取生产资金（私人借款、银行贷款）的难易程度以及户主购买农业生产资料的难易程度；第六部分是政策支持特征的调查，这里我们设置了从政府和农户双向调查的问题，既询问了农户对于各种政策的了解程度，也进行了农户对各种政策满意度、有效性和其他等方面的调查。第七部分为加入农民专业合作社意愿行为特征调查，主要是调查农户对农民专业合作社的各方面的了解以及产生加入和不加入合作社的动因。

3.2.2.2 调查实施

本书调查过程中充分整合了学校和社会的资源优势，利用 2013 年暑假进行问卷调查，将江西省 99 个县按照经济发展水平状况由高到低顺序排列分成 3 组；然后分别在较高、中等、较低经济发展水平组中采用随机抽样的方式抽取 5 个县，在每个县中抽取 5 个乡镇，抽取方法与省中抽县一样；最后在每个镇随机抽取 10 名农户。即县级样本 15 个，乡镇级样本 75 个，农户样本 1 100 个。实际调查的样本数共计 750 个（3×10×5×5＝750），在调查前，笔者先对参与调查的人员对调查问卷的各个问题进行了详细的说明，并提前去当地了解该地区农民专业合作社发展的总体情况，再根据了解到的实际情况对农户进行问卷调查。这样可以提高数据来源的可信度。在实地调查过程当中，我们采用了两种方式：一是将调查表交给被调查农户，向被调查农户说明填表的要求和方法，并对有关注意事项加以解释，由被调查农户按实际情况填写后回收；二是由调查人员与被调查农户进行面对面的口头问答、记录后回收。本次调查共回收问卷 1 100 份，经过整理最终得到有效问卷 1 064 份。

3.2.2.3 样本基本特征

本次调查样本的地区划分为三个部分，即赣中、赣南和赣北。在 1 064 份有效问卷中，赣中 232 份，赣南 220 份，赣北 612 份。分别占有效样本总数比例为 21.8%、20.68%和 57.52%。

在 1 064 份样本中，男性占样本总数的 92.9%，女性占比 7.1%。从地区分布来看，赣中被调查农户中男、女性所占比例分别是 94.8%、5.2%；赣南地区是 82.7%、17.3%；赣北地区是 95.8%、4.2%（表 3-2）。由此可见，被调查者以男性居多，符合我国农户以男性为主的实际情况。

表 3-2 被调查农户的性别分布

地区	男性		女性	
	样本数	占总体比例（%）	样本数	占总体比例（%）
赣中	220	94.8	12	5.2
赣南	182	82.7	38	17.3
赣北	586	95.8	26	4.2
全省	988	92.9	76	7.1

被调查农户的年龄分布情况如下：从样本总体来看，最小年龄为 23 岁，最大为 70 岁，平均年龄 45 岁。从年龄层次上看，40～50 岁的人最多，约占总数的 42.5%；30～40 岁次之，为 27.6%；50～60 岁以下居第三，为 22.7%，这三个年龄层次之和占样本总数的 92.8%，可见被调查者大多处于 30～60 岁之间。而 30 岁以下和 60 岁以上从事农业劳动的人口非常少，主要原因可能是农业效益相对于其他产业来讲收益较低，导致大量年轻劳动力向第二、三产业转移，60 岁以上的农户大多由于身体状况无法胜任农业生产。表 3-3 和图 3-2 对这一现象做出了直观的反映。婚姻状况方面，几乎所有参与调查的农户都是已婚的，只有极个别的几个是未婚，这一点与农户的年龄层次匹配。

表 3-3 被调查农户的年龄分布

地区＼年龄	最大	最小	平均
赣中	64	25	43
赣南	65	25	46
赣北	70	23	45
全省	70	23	45

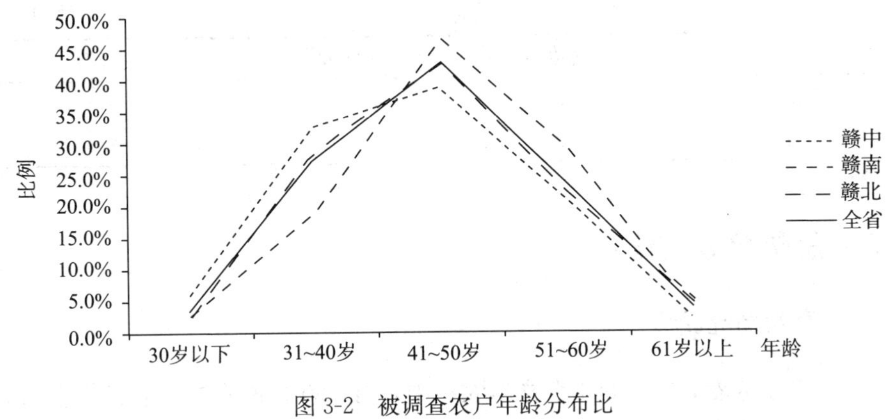

图 3-2 被调查农户年龄分布比

从表 3-4 可以看出，被调查者的文化程度以初中文化居多，占总样本的 53.2%，高中（中专）及以上和小学文化及以下次之，分别占 25.2% 和 21.6%，这与江西省农村居民受教育现状相符。从不同地区来看，被调查者的文化程度为高中（中专）及以上的，赣北最高，为 48.4%，赣中次之，为 25.6%，赣南最低，为 15.8%。

表 3-4 被调查农户文化程度分布

单位：%

地区	小学及以下	初中	高中（中专）及以上
赣中	15.8	58.6	25.6
赣南	8.8	75.4	15.8
赣北	6.5	45.3	48.2
全省	21.6	53.2	25.2

表 3-5 反映了被调查农户合作偏好分布，只有 43.0% 的农户是愿意合作的，其中又以赣南的农户最明显，比例为 53.6%。可见，农户的合作意愿普遍偏低，且地区分布显著不均。

表 3-5 被调查农户合作偏好分布

单位：%

地区	不太愿意型	中间型	愿意型
赣中	30.2	27.6	42.2
赣南	5.5	40.9	53.6

（续）

地区	不太愿意型	中间型	愿意型
赣北	42.8	17.6	39.5
全省	32.3	24.6	43.0

3.3 总体情况描述

3.3.1 意愿情况调查

从宏观上来看，在1 064个样本农户中，有360户愿意参加农民专业合作社，占全部样本的33.8%，704位农户不愿意参加农民专业合作社，占比达66.2%。可以看出，全省的农户入社意愿还是不高的。从地区上来看，赣中是最高的，在232位农户中有110户愿意加入，占比47.6%。虽然各个地区存在一定的差异性，但愿意加入农民专业合作社的农户平均比率都不到一半以上。表3-6可以直观地表现出来。

表3-6 被调查农户加入农民专业合作社的意愿情况

地区	愿意加入农民专业合作社			
	愿意		不愿意	
	户数（户）	比例（%）	户数（户）	比例（%）
赣中	110	47.6	122	52.6
赣南	102	46.4	108	53.6
赣北	148	24.2	464	75.8
全省	360	33.8	704	66.2

当问调查农户为什么不愿意加入农民专业合作社时，我们发现问卷谈到的众多因素中有两个是主要的：①合作社机制不健全，运行状况不好，比例为20%；②合作社不能给我们带来利益，加不加入合作社是一样的，比例为24.7%。而之所以愿意加入农民专业合作社的农户是因为它主要能带来这些好处：①销售农产品，占比26.2%；②提供技术、种苗等生产资料，占比17.2%；③提供市场和市场信息，占比17.4%；③提供资金帮助；占比18.6%。

3.3.2 参与情况调查

在 780 个愿意参加农民专业合作社的农户中，有 628 户已经参加农民专业合作社，占样本的 80.5%，72 位农户没有参加农民专业合作社，占比达 19.5%。可以看出，全省的农户基本实现入社意愿与入社行为一致，但还有待进一步提高。从地区上来看，赣中的入社率是最高的，在 288 位农户中有 236 户愿意加入，占比 81.9%。虽然各个地区存在一定的差异性，但农民专业合作社入社平均比率高达 70%以上。表 3-7 可以直观地表现出来。

表 3-7 被调查农户加入农民专业合作社的情况

地区	加入农民专业合作社			
	已加入		未加入	
	户数（户）	比例（%）	户数（户）	比例（%）
赣中	236	81.9	52	18.1
赣南	160	76.9	48	23.1
赣北	232	79.5	60	20.5
全省	628	80.5	152	19.5

从这些愿意加入而尚未加入农民专业合作社的农户来看，其原因与那些不愿意加入的农户有些相似，主要有四点：①自家的规模太小，合作社不吸收我，比例为 27.3%；②合作社机制不健全，运行状况不好，比例为 18.8%；③本村（乡镇）没有合作社，比例为 19.6%；④合作社不能给我们带来利益，加不加入合作社是一样的，比例为 17.9%；综合这两类农户分析得出，这些问题都是两个方面造成的，一是农户对农民专业合作社的认知程度低；二是现有农民专业合作社自身存在的种种不足和缺陷，对农民缺乏足够的吸引力。

3.3.3 政策宣传途径调查

对于农民专业合作社，入社的农户需要的也是他们无法解决的，他们需要政府制定一些措施给予帮助。经过我们数据的统计分析，这些困难集中反映在科技、项目、设施和资金上，虽然我们调查了各个地区的农户对例如“项目扶持”政策、“信贷优惠”政策等是否有所了解反映普遍良好，几乎超过一半的农户都知道有这些政策的制定，但显然力度不大，无法令农户满意。因此，他们需要政府在这些方面制定更多、更好、更有用的政策予以扶持。

宣传扶持政策的方式上，通过电视或广播、村干部开会和乡干部到村宣传这三种方式受到农户普遍欢迎。它们依次占比 30.5%、22.4%和 19.3%（表 3-8）。不难发现，这三种途径有着比其他方式更独特的优势，电视或广播花费的成本低，覆盖范围广，而村干部开会和乡镇干部到村宣传通过直接与农户交流沟通，为他们答疑解惑针对性强且作用明显。

表 3-8　农户认为有效宣传合作社扶持政策方式的调查

地区 方式	赣中	赣南	赣北	全省
电视或广播	31.3%	31%	29.2%	30.5%
报纸	13.5%	17.5%	18.3%	16.56%
村干部开会	23.5%	17.5%	20.5%	22.4%
散发传单	12.7%	12.3%	12.2%	12.39%
乡镇干部到村宣传	19%	21.6%	19.8%	19.3%

3.4　影响农户加入农民专业合作社意愿行为因素的描述性分析

这一部分主要是对研究的各影响因素做一个与农民加入农民专业合作社意愿行为的相关分析。相关分析的主要目的是研究变量之间关系的密切程度，以及根据样本的数据推论样本空间是否相关，它是对变量之间的相关性做一个初步的判定。相关分析与回归分析联系密切，一般在回归分析之前都要进行相关分析，而回归分析则是进一步深入的反映两个变量之间关系的密切程度，它能以定量的形式确定变量之间的密切程度。

本书应用卡方检验当中的 Pearsonχ^2 来检验变量之间的相关性与独立性，其近似分布的外侧概率（显著性概率），即 Asgmp. sig. (2-sided) 值的分界值为 0.05，当外侧概率值小于 0.05 时，变量之间显著相关，拒绝独立；反之，当外侧概率值大于 0.05 时，变量之间相关不显著，彼此独立。

3.4.1 所在村的区域特征

(1) 地理因素

地理因素包括是否是城郊和分别距离乡镇和县城有多远。从被调查的农户来看，较大部分居住在城郊，约占 59.2%，在居住于城郊的农户中，约 31.3%的农户愿意加入农民专业合作社，68.7%不愿意加入合作社；而对于没有居住在城郊的农户来看，约 35.6%的农户愿意加入农民专业合作社，64.4%不愿意加入合作社。而从细化到距离乡镇路程来看，5 公里以下的农户不愿意加入农民专业合作社的数量约 62.3%，而从 6～15 公里的范围来看，这个比例更高，达到 70%左右，从超过 15 公里以上的农户来看，不愿意加入农民专业合作社的比例有所下降，约为 36.4%。说明距离分布对于农户加入农民专业合作社的意愿行为存在一定的差异，且距离乡镇与县城越远，不愿意加入农民专业合作社的农户越多。

(2) 入社比例

表 3-8 反映了入社比例与农户意愿行为的关系。入社比与农户加入农民专业合作社的意愿行为存在一定的相关性。入社比在 10%以下的农户最多，达到 308 户，占比 42.9%，而在 30%以上这一区间的农户只有 24 户，但占比最高为 23.1%。总体来说，入社比都不高。

(3) 是否存在农民专业合作社

当地是否有农民专业合作社与农户加入的意愿行为有直接的关系，这一点可以很清楚的从表 3-8 当中看出。当该村存在 1 家农民专业合作社时，选择愿意加入农民专业合作社的比例最高，达到 42.1%，进一步发现得出，当地的农民专业合作社有两家的时候，可吸引了 250 户农户加入合作社，比例次之，达到 37.4%，当地的农民专业合作社有 3 家及以上时，选择愿意加入农民专业合作的比例最低，仅为 14.6%。

(4) 收入水平与经济发展水平

表 3-9 显示，样本农户所在村的居民收入水平中，收入水平处于一般程度的农户意愿加入农民专业合作社的数量比较多，达到 254 户，比例为 35%，而收入水平较高的农户大部分不愿意加入合作社。在被调查的农户中，所处乡镇经济发展水平一般和经济发展水平较高的乡镇的农户更愿意加入农民专业合作社，分别占比 35.7%和 34.4%。而经济发展水平较低的乡镇，农户愿意加入的比例最低，为 24.7%。

表 3-9 所在村区域特征与农户的意愿行为

			意愿行为		合计
			愿意	不愿意	
地理因素	处于城郊	户数	136	298	434
		比例	31.3%	68.7%	100.0%
	不在城郊	户数	224	406	630
		比例	35.6%	64.4%	100.0%
距离分布（距离乡镇）	5 公里以下	户数	274	452	726
		比例	37.7%	62.3%	100.0%
	6～10 公里	户数	66	212	278
		比例	23.7%	76.3%	100.0%
	11～15 公里	户数	6	32	38
		比例	15.8%	84.2%	100.0%
	15 公里及以上	户数	14	8	22
		比例	63.6%	36.4%	100.0%
入社比例	10%以下	户数	308	410	718
		比例	42.9%	57.1%	100.0%
	11%～30%	户数	28	214	242
		比例	11.6%	88.4%	100.0%
	30%以上	户数	24	80	104
		比例	23.1%	76.9%	100.0%
存在合作社数量	一家	户数	80	110	190
		比例	42.1%	57.9%	100.0%
	二家	户数	250	418	668
		比例	37.4%	62.6%	100.0%
	三家及以上	户数	30	178	206
		比例	14.6%	85.4%	100.0%
居民收入水平	较低	户数	2	58	60
		比例	3.3%	96.7%	100.0%
	一般	户数	254	472	726
		比例	35.0%	65.0%	100.0%
	较高	户数	104	174	278
		比例	37.4%	62.6%	100.0%

（续）

			意愿行为		合计
			愿意	不愿意	
经济发展水平	较低	户数	38	116	154
		比例	24.7%	75.3%	100.0%
	一般	户数	238	428	666
		比例	35.7%	64.3%	100.0%
	较高	户数	84	160	244
		比例	34.4%	65.6%	100.0%

3.4.2 个体特征

（1）年龄

本研究首先将被调查者的年龄变量，运用SPSS中的RECODE命令进行分组处理，由于被调查农户的年龄分布在20～70岁之间，故将年龄分为5组，每10岁为一组。从表3-10中可以看出，年龄在41～50岁之间加入农民专业合作社的农户最多，占比37.2%；而年龄在60岁以上的农户不愿意加入合作社的比例是最高的，比例达到75%。

表3-10 农户的个体特征与农户的意愿行为

			意愿行为		合计
			愿意	不愿意	
年龄	30岁以下	户数	12	24	36
		比例	33.30%	66.70%	100.00%
	31～40岁	户数	86	208	294
		比例	29.30%	70.70%	100.00%
	41～50岁	户数	168	284	452
		比例	37.20%	62.80%	100.00%
	51～60岁	户数	84	158	242
		比例	34.70%	65.30%	100.00%
	60岁以上	户数	10	30	40
		比例	25.00%	75.00%	100.00%

（续）

			意愿行为		合计
			愿意	不愿意	
婚姻	已婚	户数	358	690	1064
		比例	34.20%	65.80%	100.00%
	未婚	户数	2	12	14
		比例	14.30%	85.70%	100.00%
文化程度	小学及以下	户数/比例	46	184	230
			20.0%	80.0%	100.0%
	初中	户数/比例	188	378	564
			33.2%	66.8%	100.0%
	高中（中专）及以上	户数/比例	126	142	268
			47.0%	53.0%	100.0%
合作偏好	不太愿意型	户数	26	318	344
		比例	7.60%	92.40%	100.00%
	中间型	户数	76	186	262
		比例	29.00%	71.00%	100.00%
	愿意型	户数	258	200	458
		比例	56.30%	43.70%	100.00%

（2）婚姻

表 3-10 说明了婚姻与农户是否加入农民专业社无关。从婚姻情况来看，未婚的农户不愿意加入合作社的比例高达 85.7%，而对于已婚的农户来看，愿意加入合作社的比例达到 34.2%。

（3）文化程度

从文化程度来看，表 3-9 中显示，农户加入合作社的意愿程度与农户的文化程度呈一定的规律性，文化程度越高的越有可能愿意加入合作社，具有高中以上文化的农户愿意加入合作社的比例最高，达到 47.0%，而对于具有小学及以下文化的农户比例最低，说明文化程度对农户是否愿意加入农民专业合作社有一定的影响。

（4）合作偏好

合作偏好对农户是否愿意加入农民专业合作社具有直接的制约关系，因为农民专业合作社本质上就是农户联合生产的经济组织。表 3-9 显示具有愿意合作型偏好的农户加入意愿最高，达到56.30%，而不太愿意合作的农户加入意愿比例最低，只有7.6%。

3.4.3 家庭特征

（1）父母文化程度

关于父母亲文化程度对于农户加入合作社意愿的影响，从表3-11中可以看出，父母亲文化程度在初中的农户愿意加入比例最高，达到40.2%，而父母亲文化程度在高中及以上的农户愿意加入合作社的比例则为35.3%，说明父母亲文化程度这个变量与农户加入意愿行为无法判断是否存在联系。

（2）家庭人均年纯收入

表3-10显示，家庭人均年纯收入6 500元以上的农户愿意加入合作社的比例最高，达到44.4%；而人均年纯收入在5 000元以下的农户愿意加入合作社的比例最低，只有7%，而不愿意加入合作社的比例则高达93%。数据说明家庭人均年纯收入越高的农户越愿意加入合作社。

（3）农业收入所占比例

表3-10显示，农业收入所占比例为51%的农户愿意加入合作社的比例最高，为45.4%，而农业收入所占比例为20%以下的农户愿意加入合作社的比例最小，仅为6.4%。可以看出，农业收入占家庭总收入比重越大的农户更愿意加入农民专业合作社。

（4）打工收入所占比例

表3-10显示，打工收入比在51%及以上的农户，其不愿意加入合作社的比例最高，达到83.2%。进一步发现，打工收入较高的农户，其加入合作社的意愿较低，呈现一定的负相关性，打工收入比重在20%以下的农户，其加入意愿接近38.1%，而对比在51%以上的农户却只有16.8%。因此，从外出务工较多的农户来看，由于其没有从事农业生产，因而越不愿意加入农民专业合作社。

（5）生产经营规模

从生产经营规模这个因素来看，生产经营规模较高的农户愿意加入合作社的比例最高，达到46.8%，而经营规模较低的农户其加入意愿最低，仅为22.0%；从表3-11中进一步发现，生产规模越大的农户，其加入合作社的意愿越高，呈现明显的正相关性。可见，农民专业合作社的规模化生产经营取得了一定的实效，得到了农户的认同。

表 3-11　农户的家庭特征与农户的意愿行为

			意愿行为		合计
			愿意	不愿意	
父母文化程度	小学及以下	户数	266	560	826
		比例	32.20%	67.80%	100.00%
	初中	户数	82	122	204
		比例	40.20%	59.80%	100.00%
	高中（中专）及以上	户数	12	22	34
		比例	35.30%	64.70%	100.00%
家庭人均纯收入	5 000 元及以下	户数	6	80	86
		比例	7.00%	93.00%	100.00%
	5 001～6 500 元	户数	84	286	370
		比例	22.70%	77.30%	100.00%
	6 500 元以上	户数	270	338	608
		比例	44.40%	55.60%	100.00%
农业收入占比	20%以下	户数	16	234	250
		比例	6.40%	93.60%	100.00%
	21%～50%	户数	108	186	294
		比例	36.70%	63.30%	100.00%
	51%及以上	户数	236	284	520
		比例	45.40%	54.60%	100.00%
打工收入占比	20%以下	户数	176	286	462
		比例	38.10%	61.90%	100.00%
	21%～50%	户数	144	220	364
		比例	39.60%	60.40%	100.00%
	51%及以上	户数	40	198	238
		比例	16.80%	83.20%	100.00%
生产规模	非常小	户数	0	122	122
		比例	0.00%	100.00%	100.00%
	较小	户数	52	182	234
		比例	22.20%	77.80%	100.00%
	一般	户数	212	316	528
		比例	40.20%	59.80%	100.00%
	较高	户数	74	84	158
		比例	46.80%	53.20%	100.00%

（续）

			意愿行为		合计
			愿意	不愿意	
社会关系资源	非常少	户数	36	44	80
		比例	45.00%	55.00%	100.00%
	较少	户数	56	80	136
		比例	41.20%	58.80%	100.00%
	一般	户数	184	352	536
		比例	34.30%	65.70%	100.00%
	较多	户数	76	196	272
		比例	27.90%	72.10%	100.00%

（6）各种社会关系资源状况

从农户的各种社会关系资源来看，社会关系资源非常少的农户，其愿意加入合作社的比例最高，达到45.00%，而社会关系资源较多的农户，其愿意加入合作社的比例则只有27.9%；表3-10显示，农户的各种社会资源关系状况与加入意愿存在一定的反向变化关系。

3.4.4 农产品与技术特征

（1）农产品类型

从农户经营的农产品类型来看（表3-12），从事养殖类的农户愿意加入农民专业合作社的比例达到32.1%，而从事林业产品的农户愿意加入的比例最高，达到58.3%，而从事粮食作物的农户愿意加入的比例最低，只有23.3%；而从事瓜果蔬菜类的农户则为38.5%。因此，从事经济作物的农户愿意加入合作社的比例较高。

（2）农产品技术含量

从农户所从事农产品技术含量来看，表3-12可以得出结论：在一定范围内，农户从事农业生产所需的技术要求与农户加入农民专业合作社的意愿存在紧密的关联性。技术含量要求越高的农户，其加入农民专业合作社的意愿越高。当技术含量较高时，有38.8%的农户愿意加入农民专业合作社。同时，我们还发现，从事高技术含量的农户在调查样本当中较少，由此说明了大部分农户的农业生产的附加值较低，还停留在农产品的初加工和一些常见农产品的生产上，一些没有接触到的农产品和深加工的技术还没有得到广泛推广。

（3）生产投入费用

从表3-12中可以发现，在一定范围内，生产投入费用与农户加入合作社的意愿行为存在一定相关性。投入越高的农户，其愿意加入合作社的农户所占比例越高。农户生产投入费用在一般及较高水平，愿意加入合作社的比例较大，达到35%以上，农户为了降低风险，保证最低收益，通过加入合作社来规避较高的生产风险，但投入费用处于非常高的农户数量较少，其所占比例较低。

（4）年销售生产比

表3-12所示，年销售生产比这个因素与农户的意愿行为的关联性不如之前那么的明显。在表3-11中年销售生产比在10%之间的农户，愿意加入农民专业合作社的占到56.1%，是比例最大的一组；而年销售生产比在40%～60%的农户最不愿意加入合作社，其比例为92.1%。

（5）技术帮助

表3-12显示，技术帮助这个因素与上述的农产品技术含量反映的结论相一致，越需要技术帮助的农户，其加入的意愿就越强。农户需要技术帮助的程度普遍在一般及较高水平，所占比例分别为38.4%和36.1%。

（6）销售帮助

表3-12显示，农民专业合作社的销售服务作用得到了如实反映，销售有困难的农户，倾向于通过加入合作社来解决，且寻求销售帮助越强烈的农户，其加入农民专业合作社的意愿越强烈。在被调查的农户中，需要较高帮助的农户，其愿意加入合作社的比例达到了41.8%。因此，通过农民专业合作社解决农产品的销售问题很大程度上影响着农户的加入意愿。

（7）销售地区

表3-12显示，农产品销售地区范围的大小一定程度上影响着农户加入合作社的意愿，对于想把大部分农产品销往本乡镇以外市场的农户来看，其在一定程度上需要合作社的帮助。在走向本乡镇以外市场的农户中，有38.8%的农户愿意加入农民专业合作社。显然，农户意识到靠自己独立走出本乡镇市场向外扩展是力不从心的，农民专业合作社在这里又发挥了其独特的优势。因此，如何开拓好本乡镇以外的市场是农民专业合作社在销售方面要解决的一大难题，只有解决好了，对农户的吸引力才能够大大的提升。

（8）价格波动程度

表3-12显示，农产品的价格波动与农户加入农民专业合作社显著相关，

波动越大，农户加入合作社的愿意越强烈。当价格波动高时，有 42.1%的农户愿意加入合作社；而当农户所生产的农产品价格波动程度较低时，只有 29.3%的农户愿意加入合作社。

(9) 农业技术推广人员

表 3-12 显示，当农业技术推广人员数量一般时，愿意加入农民专业合作社的农户达到 45.9%，而数量很少或很多时，愿意加入合作社的农户数量比例却在减少，不愿意加入的比例在增加。虽然无法从表中得到确切的答案，但是合作社通过引进农业技术推广人员到田间指导农民生产受到农户普遍欢迎这一点毋庸置疑。

表 3-12 农产品技术环境特征与农户意愿行为

			意愿		合计
			愿意	不愿意	
农产品类型	粮食作物	户数	82	270	352
		比例	23.30%	76.70%	100.00%
	瓜果蔬菜类	户数	80	128	208
		比例	38.50%	61.50%	100.00%
	养殖类产品	户数	88	186	274
		比例	32.10%	67.90%	100.00%
	林业产品	户数	42	30	72
		比例	58.30%	41.70%	100.00%
	其他	户数	68	90	158
		比例	43.00%	57.00%	100.00%
农产品技术含量	很低	户数	6	44	50
		比例	12.00%	88.00%	100.00%
	较低	户数	30	104	134
		比例	22.40%	77.60%	100.00%
	一般	户数	210	364	574
		比例	36.60%	63.40%	100.00%
	较高	户数	114	180	294
		比例	38.80%	61.20%	100.00%
	非常高	户数	0	12	12
		比例	0.00%	100.00%	100.00%

（续）

			意愿		合计
			愿意	不愿意	
生产投入费用	很低	户数	0	30	30
		比例	0.00%	100.00%	100.00%
	较低	户数	18	46	64
		比例	28.10%	71.90%	100.00%
	一般	户数	166	290	456
		比例	36.40%	63.60%	100.00%
	较高	户数	174	318	492
		比例	35.40%	64.60%	100.00%
	非常高	户数	2	20	22
		比例	9.10%	90.90%	100.00%
年销售生产比例	10%以下	户数	46	36	82
		比例	56.10%	43.90%	100.00%
	10%～40%	户数	28	80	108
		比例	25.90%	74.10%	100.00%
	40%～60%	户数	10	116	126
		比例	7.90%	92.10%	100.00%
	60%～80%	户数	74	132	206
		比例	35.90%	64.10%	100.00%
	80%以上	户数	200	340	540
		比例	37.00%	63.00%	100.00%
技术帮助	很低	户数	10	40	50
		比例	20.00%	80.00%	100.00%
	较低	户数	28	76	104
		比例	26.90%	73.10%	100.00%
	一般	户数	202	324	526
		比例	38.40%	61.60%	100.00%
	较高	户数	120	212	232
		比例	36.10%	63.90%	100.00%
	非常高	户数	0	52	52
		比例	0.00%	100.00%	100.00%

（续）

			意愿		合计
			愿意	不愿意	
销售帮助	很低	户数	12	52	64
		比例	18.80%	81.30%	100.00%
	较低	户数	30	106	136
		比例	22.10%	77.90%	100.00%
	一般	户数	184	330	514
		比例	35.80%	64.20%	100.00%
	较高	户数	112	156	268
		比例	41.80%	58.20%	100.00%
	非常高	户数	22	60	82
		比例	26.80%	73.20%	100.00%
销售地区	本乡镇	户数	54	222	276
		比例	19.60%	80.40%	100.00%
	本乡镇以外的市场	户数	306	482	788
		比例	38.83%	61.17%	100%
价格波动程度	很低	户数	0	30	30
		比例	0.00%	100.00%	100.00%
	较低	户数	44	106	150
		比例	29.30%	70.70%	100.00%
	一般	户数	196	344	540
		比例	36.30%	63.70%	100.00%
	较高	户数	88	180	268
		比例	32.80%	67.20%	100.00%
	非常高	户数	32	44	76
		比例	42.10%	57.90%	100.00%
农业技术推广人员数量	很少	户数	16	78	94
		比例	17.00%	83.00%	100.00%
	较少	户数	108	270	378
		比例	28.60%	71.40%	100.00%
	一般	户数	190	224	414
		比例	45.90%	54.10%	100.00%
	较多	户数	44	112	156
		比例	28.20%	71.80%	100.00%
	很多	户数	2	20	22
		比例	9.10%	90.90%	100.00%

3.4.5 社会经济文化环境特征

（1）当地农产品市场发育程度

表3-13显示，从所调研的农户来看，大部分农户认为当地的农产品市场发育程度较好，其中发育程度处于一般以上时，愿意加入农民专业合作社的农户的比例达到37.7%，最大达到39.4%。

表3-13 社会经济文化环境特征与农户的意愿行为

			意愿行为		合计
			愿意	不愿意	
当地农产品市场发育程度	很差	户数	4	34	38
		比例	10.50%	89.50%	100.00%
	较差	户数	26	114	140
		比例	18.60%	81.40%	100.00%
	一般	户数	216	332	548
		比例	39.40%	60.60%	100.00%
	较好	户数	114	188	302
		比例	37.70%	62.30%	100.00%
	很好	户数	0	36	36
		比例	0.00%	100.00%	100.00%
当地农业资料购买难易程度	很难	户数	0	6	6
		比例	0.00%	100.00%	100.00%
	较难	户数	4	22	26
		比例	15.40%	84.60%	100.00%
	一般	户数	78	178	256
		比例	30.50%	69.50%	100.00%
	较容易	户数	200	360	560
		比例	35.70%	64.30%	100.00%
	很容易	户数	78	138	216
		比例	36.10%	63.90%	100.00%
当地干部的工作作风	很差	户数	0	2	2
		比例	0.00%	100.00%	100.00%
	较差	户数	2	28	30
		比例	6.70%	93.30%	100.00%

（续）

			意愿行为		合计
			愿意	不愿意	
当地干部的工作作风	一般	户数	130	244	374
		比例	34.80%	65.20%	100.00%
	较好	户数	210	340	550
		比例	38.20%	61.80%	100.00%
	很好	户数	18	90	108
		比例	16.70%	83.30%	100.00%
当地基础设施	很差	户数	0	10	10
		比例	0.00%	100.00%	100.00%
	较差	户数	10	48	58
		比例	17.20%	82.80%	100.00%
	一般	户数	150	242	392
		比例	38.30%	61.70%	100.00%
	较好	户数	154	334	488
		比例	31.60%	68.40%	100.00%
	很好	户数	44	70	114
		比例	38.60%	61.40%	100.00%
当前的国家经济形势	很差	户数	2	2	4
		比例	50.00%	50.00%	100.00%
	较差	户数	4	30	34
		比例	11.80%	88.20%	100.00%
	一般	户数	68	202	270
		比例	25.20%	74.80%	100.00%
	较好	户数	236	346	582
		比例	40.50%	59.50%	100.00%
	很好	户数	50	124	174
		比例	28.70%	71.30%	100.00%
当地农户兼业化程度	很差	户数	10	24	34
		比例	29.40%	70.60%	100.00%
	较差	户数	30	130	160
		比例	18.80%	81.30%	100.00%

（续）

			意愿行为		合计
			愿意	不愿意	
当地农户兼业化程度	一般	户数	210	408	618
		比例	34.00%	66.00%	100.00%
	较好	户数	70	132	202
		比例	34.70%	65.30%	100.00%
	很好	户数	40	10	50
		比例	80.00%	20.00%	100.00%
当前农业规模化水平	很差	户数	14	94	108
		比例	13.00%	87.00%	100.00%
	较差	户数	86	268	354
		比例	24.30%	75.70%	100.00%
	一般	户数	214	286	500
		比例	42.80%	57.20%	100.00%
	较好	户数	36	52	88
		比例	40.90%	59.10%	100.00%
	很好	户数	10	4	14
		比例	71.40%	28.60%	100.00%
获得生产资金的难易程度	很难	户数	26	62	88
		比例	29.50%	70.50%	100.00%
	较难	户数	156	320	476
		比例	32.80%	67.20%	100.00%
	一般	户数	150	226	376
		比例	39.90%	60.10%	100.00%
	较容易	户数	26	90	116
		比例	22.40%	77.60%	100.00%
	很容易	户数	2	4	6
		比例	33.30%	66.70%	100.00%
购买农业生产资料的难易程度	很难	户数	214	334	548
		比例	39.10%	60.90%	100.00%
	较难	户数	56	112	168
		比例	33.30%	66.70%	100.00%

（续）

			意愿行为		合计
			愿意	不愿意	
购买农业生产资料的难易程度	一般	户数	80	212	292
		比例	27.40%	72.60%	100.00%
	较容易	户数	10	26	36
		比例	27.80%	72.20%	100.00%
	很容易	户数	0	20	20
		比例	0.00%	100.00%	100.00%

（2）当地农业资料购买难易程度

被调研农户当地农业资料购买难易程度表明大部分被调研地区状况较好，表 3-13 表明，随着当地农业资料购买越容易，农户通过加入合作社能够获得更强的讨价还价的能力，越愿意加入农民专业合作社。

（3）当地干部的工作作风

表 3-13 所示，所调查的大部分农户认同当地干部的工作作风，其中认为一般的占比 35.8%，认为较好的占比 52.6%。认为很好地达到 10.32%。从表面数据来看，当地干部的工作作风与农户加入合作社的意愿行为显示出一定的正向关系。

（4）当地基础设施

当地基础设施的好坏，反映了其农业生产硬件条件优越的一个方面，它包括道路、水电、通信等。表 3-13 中数据说明，农户认为当地基础设施一般和很好时，其加入合作社意愿比例均为 38%左右，这在一定程度上说明农户入社意愿受当地基础设施的影响不大。

（5）当前的国家经济形势

国家经济形势代表国家导航着经济发展的方向，可以从宏观上调动农户的生产积极性。表 3-13 表明，当前的国家经济形势越好，加入农民专业合作社的农户越多。被调查农户中有很大一部分认为当前的国家经济形势较好，其中，认为当前国家经济形势较好的这一类农户，愿意加入合作社的农户达到 40.5%的比例。发展农民专业合作社应该借着当前国家经济形势较好的形势，吸引更多的农户入社。

（6）当地农户兼业化程度

兼业化程度是指农户职业的多重性。例如，农户大都不只种田，在农忙结束后还要外出务工，或者在当地找点其他工作。表 3-13 中数据反映，农户的兼业化程度越高，加入农民专业合作社的农户就越多。在兼业化程度很好的情况下，达到了这一变量的最高比例 80%。因此，农民专业合作社要为农户协调好各种职业之间的转换，为农户从事农业以外的其他工作提供便利条件，既要帮助农户做好农业相关方面工作，也要积极带动农户加入二、三产业中去。

（7）当前农业规模化水平

调查农户的所在地的当前农业规模化水平一定程度上对农户加入合作社意愿有影响。表 3-13 中数据表明，当前农业规模化水平越高，农户加入农民专业合作社的意愿越强烈，规模化很好时，农户加入合作社意愿比例达到 71.4%；进一步从表 3-13 中可以看出，当前农业规模化处于中上水平，正在向高水平化发展。因此，农民专业合作社应该积极地去应对农业规模化发展过程中出现的各种问题，努力解决农户的各种困难。

（8）获得生产资金的难易程度

农户获得生产资金有很多种途径，可以是私人借款，也可以银行贷款，而且由于农户经营规模有限，对资金的需求相对较小。表 3-13 所示，农户认为获得生产资金难度一般的农户愿意加入合作社的比例是最高的，数值为 39.9%；虽然国家出台了很多利农的补贴和低息贷款，但现实中农户真正通过农民专业合作社来帮助解决资金上困难的不多。

（9）购买农业生产资料的难易程度

表 3-13 所示，调查中农户购买农业生产资料的难易程度，与前面谈到的当地购买农业生产资料的难易程度不同，因为农户购买农业生产资料的途径多种多样，前述的只是其中的一点。作为综合考察，表 3-12 中数据呈现出明显的规律性，农户越难购买农业生产资料，加入农民专业合作社的意愿越强烈，两者之间存在显著的负相关，其中在很难购买时，农户加入合作社意愿的比例达到了 39.1%。

3.4.6 政策特征

（1）政策制定

表 3-14 显示，通过 SPSS 软件，各项政策制定的近似分布的外侧概率（显著性概率）均小于临界值 0.05，它们与农户的意愿行为显著相关。由此可以

看出，农户对国家颁布的各种惠农政策的关注程度很大，通过表中似然比的比较发现，“支持专业合作社力度”、“提供项目支持”的政策和“纳税优惠”的政策对于农户是否加入农民专业合作社的影响较大，其 Pearsonχ^2 值分别是 15.394、15.625 和 13.980。可见农户还是非常关注国家对于合作社的态度。因此，政府要制定出与这些方面相关的切实政策，激发农户加入合作社的动力。

表 3-14　政策制定与农户的意愿行为

	支持专业合作社力度	提供项目支持	提供信息咨询	专业合作社培训
Pearson Chi-Square	15.394[a]	15.625[a]	6.440[a]	7.574[a]
Likehood Ratio	16.019	16.117	6.530	7.675
N of Valid Cases	1034	1064	1064	1064
	提供税收减免	提供用地优惠	纳税优惠	提供信贷扶持
Pearson Chi-Square	8.939[a]	13.340[a]	13.980[a]	9.699[a]
Likehood Ratio	9.057	13.326	14.191	9.848
N of Valid Cases	1064	1064	1064	1064

（2）当前政府对合作社支持力度

表 3-15 显示，认为当前政府对合作社支持力度较大的农户有 47.7%的人员愿意加入合作社，而认为当前政府对合作社支持的力度很小的农户却只有 30.6%的农户愿意加入合作社，说明政府对合作社的支持政策对农户加入合作社的意愿有一定的影响。

（3）对国家支持农民专业合作社政策的了解

表 3-15 所示，从农户对国家支持农民专业合作社政策的了解程度来看，农户对国家支持合作社的政策越了解，愿意加入合作社的农户就越多，当农户非常了解政府对合作社的支持政策时，加入合作社的愿意最高达 57.58%，而从很不了解国家支持农民专业合作社政策的农户来看，只有 14.3%的农户愿意加入合作社。

（4）对政府宣传有关合作社扶持政策的形式和力度的满意度

从对政府宣传有关合作社扶持政策的形式和力度的满意度这个因素来看，农户越满意，加入合作社的意愿越高，达 43.8%；当农户很不满意政府宣传有关合作社扶持政策的形式时，农户加入合作社的意愿只有 16.7%。

表 3-15 农户对政策主观判断与农户的意愿行为

认为政府对合作社支持的力度	很小	户数	82	186	268
		比例	30.60%	69.40%	100.00%
	一般	户数	152	380	532
		比例	28.60%	71.40%	100.00%
	较大	户数	126	138	264
		比例	47.70%	52.30%	100.00%
对国家支持农民专业合作社政策的了解	很不了解	户数	8	48	56
		比例	14.30%	85.70%	100.00%
	不太了解	户数	104	256	360
		比例	28.90%	71.10%	100.00%
	了解一些	户数	210	372	582
		比例	36.10%	63.90%	100.00%
	非常了解	户数	38	28	66
		比例	57.58%	42.40%	100.00%
对政府宣传有关合作社扶持政策的形式和力度的满意度	很不满意	户数	2	10	12
		比例	16.70%	83.30%	100.00%
	不满意	户数	68	164	232
		比例	29.30%	70.70%	100.00%
	一般	户数	150	346	496
		比例	30.20%	69.80%	100.00%
	较满意	户数	112	146	258
		比例	43.40%	56.60%	100.00%
	很满意	户数	28	36	64
		比例	43.80%	56.30%	100.00%

综合政策特征来看，各项因素分析都是紧密联系的。用政策手段来激励农户加入农民专业合作社，不仅要宣传到位，让农户充分了解政府支持合作社的相关政策，而且要不断加大对这一方面政策的支持力度，双管齐下，才能取得成效。

3.5　影响农户加入农民专业合作社意愿行为因素的实证性分析

3.5.1　Probit 影响因素分析

本书采用二元 Probit 概率回归模型对农户加入农民专业合作社的意愿进行分析，以求更客观地分析影响其意愿的各因素的作用方向，更准确地测定其影响程度。影响农户加入农民专业合作社意愿因素的 Probit 模型为：

$$Y_j = \int e^{-x_i/2} \mathrm{d}\, x_i$$

式中：Y_j 表示农户是否愿意加入专业合作社的概率（$j=1$ 代表愿意加入农民专业合作社的概率；$j=2$ 代表不愿意加入农民专业合作社的概率）；X_i 表示影响农民加入专业合作社的具体因素（$i=1\sim42$ 依次代表相应的具体影响因素，如表 3-16 所示）。

表 3-16　各相关定义变量

所在村的区域特征	1＝乡镇；2＝县城；3＝入社比例；4＝是否有合作社；5＝居民收入水平；6＝经济发展水平
个体特征	7＝文化程度；8＝合作偏好
家庭特征	9＝人均年纯收入；10＝农业收入比；11＝打工收入比；12＝生产经营规模
农产品与技术环境特征	13＝农产品类型；14＝农产品技术含量；15＝农产品生产投入费用；16＝农产品年销售比；17＝技术帮助；18＝销售帮助；19＝销售地区；20＝价格波动程度；21＝农业技术推广人员；22＝农业技术人员
社会经济文化环境特征	23＝当地农产品市场发育程度；24＝当地干部的工作作风；25＝当前的国家经济形势；26＝当前农户兼业化程度；27＝当地农业规模化水平；28＝农户购买农业生产资料的难易程度
政策支持特征	29…35＝代表各项政策（支持专业合作社力度、项目支持、信息咨询、专业合作社培训、税收减免、用地优惠、纳税优惠、信贷扶持）；36＝当前政府对合作社支持的力度；37＝对国家支持农民合作社政策的了解；38＝对政府宣传有关合作社扶持政策的形式和力度的满意程度

运用 Eviews 软件运行，结果如表 3-17 所示，影响农户加入农民专业合作社因素中通过显著检验的是到乡镇距离、农户的合作偏好、农户的家庭人口数量、农户的劳动力数量、家庭未成年人数、家庭人均年纯收入、打工收入占

比、在当地生产规模、社会关系资源状况、销售是否需要帮助、基础设施水平、生产资金获取难易、是否信贷扶持等因素，其中正向影响的因素有：①乡镇距离，其系数为0.045，表明农户到乡镇的距离越近，越愿意加入农民专业合作社；②合作偏好，其系数为1.26，表明平时合作偏好程度越大的农户，其越意愿加入合作社；③农户的劳动力数量，其系数为0.25，表明家庭中劳动力数量越多的农户，越意愿加入农民专业合作社；④家庭未成年人数，其系数为0.24，表明家庭中未成年人数越多，农户土地越多，越需要他人的帮助，因此其越意愿加入合作社；⑤家庭人均年纯收入，其系数为0.19，表明人均纯收入越高，农户越意愿加入农民专业合作社；⑥在当地生产规模，其系数为0.24，表明农户的生产规模越大，其对农业生产和销售的服务要求越高，因而其越意愿加入能为其提供帮助的合作社；⑦销售是否要帮助，其系数为0.17，表明农民专业合作社为农户销售农产品提供了良好的帮助；⑧是否信贷扶持，其系数为0.34，表明农户在缺乏资金时，合作社能够为其信贷扶持提供担保或其他帮助，因而农户越意愿加入合作社。而对农户加入合作社产生负向影响的因素有：①农户的家庭人口数量，其系数为-0.12，表明农户的家庭人口数量越多，其生产协调能力越强，越不愿意加入合作社；②打工收入所占家庭收入的比例，其系数为－0.31，表明农户打工收入比例比较大，其投入农业生产方面的精力不足，无暇关注农业生产，因此其越不愿意加入农民专业合作社；③农户的社会关系资源，其系数为－0.28，表明农户的社会关系资源越多，农户通过其社会关系资源解决农业生产销售问题，因此其加入合作社的意愿越低；④农户所在地的基础设施水平，其系数为－0.20，表明基础设施越好，农户越容易获取相应的生产资源，生产的农产品能够及时销售，因此其加入合作社的意愿越低；⑤生产资金获取难易程度，其系数为－0.17，表明农户获取生产资金越容易，合作社给其解决的困难越少，因此其加入合作社的意愿越低。

表3-17 模型运算结果

Variable	Coefficient	Std. Error	z-Statistic	Prob.
常数项	－3.201446**	1.293027	－2.475932	0.0133
是否城镇	－0.099660	0.169782	－0.586986	0.5572
到乡镇距离	0.045348*	0.023257	1.949831	0.0512
到县城距离	0.002375	0.006590	0.360399	0.7185
户数加入比例	0.049556	0.112205	0.441651	0.6587

（续）

Variable	Coefficient	Std. Error	z-Statistic	Prob.
所在村是否有合作社	−0.097530	0.128916	−0.756538	0.4493
居民收入水平	−0.200016	0.173455	−1.153129	0.2489
乡镇经济水平	−0.212899	0.145482	−1.463405	0.1434
年龄	0.006522	0.010223	0.637970	0.5235
性别	0.386420	0.340197	1.135871	0.2560
婚姻	0.407072	0.534899	0.761027	0.4466
文化程度	0.190124	0.128225	1.482733	0.1381
合作偏好	1.263024***	0.125306	10.07951	0.0000
家庭人数	−0.121677*	0.098752	−1.232154	0.2179
劳动力数	0.250399**	0.113005	2.215827	0.0267
家庭外出务工数	−0.034359	0.101929	−0.337089	0.7361
家庭未成年人数	0.241696**	0.123362	1.959235	0.0501
家庭人均年纯收入	0.189200*	0.111773	1.692713	0.0905
农业收入占家庭收入比例	−0.092078	0.130926	−0.703288	0.4819
打工收入占比	−0.305837**	0.123007	−2.486328	0.0129
在当地生产规模	0.235056**	0.118177	1.989006	0.0467
社会关系资源状况	−0.280444**	0.112319	−2.496856	0.0125
农产品类型	−0.084704	0.061963	−1.367023	0.1716
技术含量	−0.015018	0.133721	−0.112311	0.9106
投入费用	0.169242	0.127233	1.330168	0.1835
年销量占生产量比例	0.092467	0.073551	1.257184	0.2087
生产是否要帮助	0.170851	0.125416	1.362273	0.1731
销售是否要帮助	0.174454*	0.101543	1.718024	0.0858
价格波动程度	−0.042344	0.111625	−0.379345	0.7044
新技术频率	0.038552	0.141295	0.272848	0.7850
是否常有技术指导	−0.101121	0.124614	−0.811475	0.4171
是否有一定技术人才	0.041072	0.123995	0.331240	0.7405
市场发育程度	−0.000626	0.116525	−0.005369	0.9957
生产资料购买难易	−0.065482	0.108896	−0.601327	0.5476
干部作风	−0.095028	0.113814	−0.834942	0.4038
基础设施水平	−0.198170*	0.109206	−1.814648	0.0696

（续）

Variable	Coefficient	Std. Error	z-Statistic	Prob.
国家经济形势	0.040415	0.114215	0.353854	0.7234
农户兼业化水平	0.179418	0.129800	1.382272	0.1669
人均土地规模	−0.135814	0.118316	−1.147897	0.2510
农业规模化水平	0.119789	0.127882	0.936718	0.3489
生产资金获取难易	−0.169395*	0.098732	−1.715702	0.0862
是否制定政策	0.014313	0.199341	0.071804	0.9428
是否项目扶持	−0.041233	0.231022	−0.178483	0.8583
是否信息咨询	0.138291	0.228320	0.605688	0.5447
是否培训政策	0.217992	0.223291	0.976266	0.3289
是否税收减免	0.159006	0.291069	0.546282	0.5849
是否用地优惠	−0.211271	0.269815	−0.783021	0.4336
是否纳税优惠	0.287313	0.284303	1.010587	0.3122
是否信贷扶持	0.335825*	0.213089	1.575983	0.0950
扶持力度	−0.054157	0.130377	−0.415385	0.6779
McFadden R-squared	0.482027	Mean dependent var		0.830935
S. D. dependent var	0.375034	S. E. of regression		0.273561
Akaike info criterion	0.590638	Sum squared resid		58.67113
Schwarz criterion	0.873986	Log likelihood		−196.2962
Hannan-Quinn criter.	0.699273	Restr. log likelihood		−378.9697
LR statistic	365.3471	Avg. log likelihood		−0.235367
Prob（LR statistic）	0.000000			
Obs with Dep=0	141	Total obs		834
Obs with Dep=1	693			

注：***、**、*分别表示1%、5%和10%的显著性水平。

3.5.2 响应概率分析

运用SPSS软件进行Binary Probit Regression回归分析，得到了有效数据的汇总情况表格。表3-18、表3-19给出了参数估计值和自然响应率估计值的信息。通过Probit分析得到了一个关于各变量影响的公共斜率−0.002对各因子水平的不同截距：−3.004和−1.043。表3-19给出了共同的自然响应概率0.202。共同的斜率值显示了各因素对响应概率作用的程度相同。

表 3-18　参数估计值

参数（Parameter）		估计（Estimate）	标准误（Std. Error）	Z	Sig.	95%置信区间（95%Confidence Interval）	
						下限	上限
PROBIT[a]	影响因子	0.002	0.002	1.531	0.126	−0.000	0.05
截距[b]	1	−3.004	0.422	−7.113	0.000	−3.426	−2.581
	2	−1.043	0.041	−25.292	0.000	−1.084	−1.002

注：a. PROBIT 模型：PROBIT（p）＝截距＋BX。

b. 对应于分组变量加入意愿。

表 3-19　自然响应率估计值[a]

	估计（Estimate）	标准误差（Std. Error）
PROBIT	0.202	0.003

注：a. 未提供控制组。

表 3-20 给出了模型回归的两个卡方检验统计量值。Pearsonχ^2 拟合度检验结果是 0.000，接受模型拟合情况的原假设。平行检验统计量值为 0.000，因此接受因子变量各个水平下的 Probit 回归方程具有相同斜率的原假设。

表 3-20　卡方检验

		卡方（Chi-Square）	df[a]	Sig.
PROBIT	Pearson 拟合度检验（Pearson Goodness-of-Fit Test	623.371	74	0.000[b]
	平行检验（Parallelism Test）	59.662	1	0.000

注：a. 基于单个个案的统计量与基于分类汇总个案的统计量不同。

b. 由于显著性水平大于 0.150，因此在置信限度的计算中未使用异质因子。

表 3-21 给出部分单元记数、预测响应及残差的信息。其中“概率”表示该响应在给定影响因素条件下发生的概率。表 3-21 中所截取的部分上各影响因素发生概率较大的数据，可以看出，无论是在农户愿意加入合作社还是不愿意加入合作社，后三个因素的影响最为明显。它们依次是当前政府对合作社支持的力度、对国家支持农民专业合作社政策的了解以及对政府宣传有关合作社的扶持政策的形式和力度的满意度，概率都在 0.3% 以上。图 3-3 给出了 Probit 响应概率与各影响因素的对应数构成的散点图。从图 3-3 可以直观地看

出农户不愿意加入农民专业合作社的散点在愿意的散点之上，因此可以判断农户加入农民专业合作社的意愿普遍较低。

表 3-21　单元记数和残差

数字 (Number)	加入意愿	影响因子	观测值	响应数 Observed Responses	期望响应数 (Expected Responses)	残差 Residual	概率 Probability
PROBIT　74	2	36	532	190	179.233	10.767	0.377
75	2	37	532	186	179.485	6.515	0.377
76	2	38	532	173	179.737	−6.737	0.377

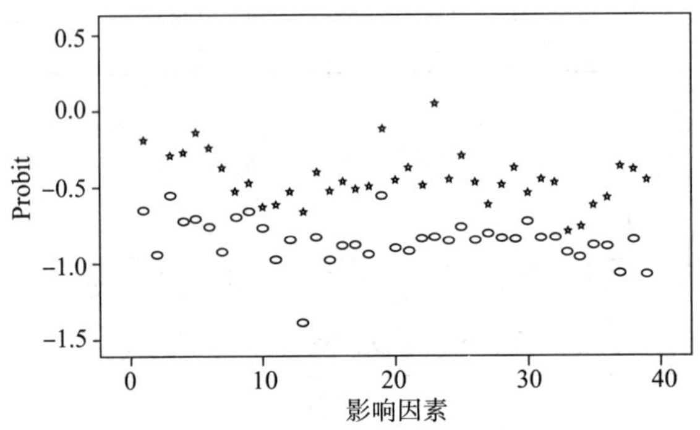

图 3-3　Probit 转换响应

4 农民专业合作社扶持政策满意度影响因素

近年来，我国农民专业合作社发展迅速，但总体来看，我国农民专业合作社的发展却远未达到农户所预期的目标。制定农民专业合作社扶持政策是促进农民专业合作社快速发展、缩小城乡差距、实现城乡统筹发展的重要环节。然而，随着近几年扶持政策的增加，各种扶持政策是否满足合作社农户的需求，哪种政策满意度比较高，哪种政策满意度比较低，哪些因素影响农户对扶持政策的满意度？这些都是值得思考和探究的问题。现有农民专业合作社的扶持政策大多数属于自上而下型的，基于农户需求角度的考察较为缺乏。同时现有研究成果仍然无法回答合作社农户对政府扶持农民专业合作社的满意度如何？我们认为，准确回答上述问题将有助于政府科学制定和完善农民专业合作社扶持政策。①

4.1 江西省农民专业合作社扶持政策满意度样本数据统计分析

4.1.1 调查地点和方法

本书所用数据来自于课题合作单位江西省农村合作经济经营管理站与江西省调查总队，课题组于 2014 年 6—8 月期间对江西省具有农村户口的农户进行抽样调查，调研究户加入农民专业合作社的情况。调查对象：主要以县、农民专业合作社（与政策扶持相关）和已加入农民专业合作社农户作为调研对象。为了更真实获取调研数据，本课题设计的调查内容不直接采用农民专业合作社的具体运营指标，而是用李克特态度量表法进行测量，从而使被访谈的农民专业合作社不至于重点保密。然后调查人员在调查前事先向农民专业合作社说明调查意图，并保证在发表研究成果和向政府提交报告时不涉及具体合作社的名称，而是用序列号进行代表，尽量打消农民专业合作社的顾虑，从而获取更真

① 此处大部分内容发表于《江西农业大学学报》（社科版）2013 年第 1 期。

实的数据。

为保证调查数据的科学性和代表性，课题组将全省各县（市）按照经济发展水平状况由高到低顺序排列分成 3 组；然后采用随机抽样的方式从中抽取 10 个县，在每个县中随机抽取 9 个乡镇；然后在每个乡镇中随机抽取已加入农民专业合作社的农户 7 名。总共获得了江西省 630 个农户的调查数据。在问卷处理过程中，对凡是缺失了个别数据的样本都进行了删除，最终得到 605 份农户加入农民专业合作社调查问卷，回收率达到了 95.87%。

4.1.2 样本农户的基本特征情况

在调研中，通过与农民专业合作社主要成员的交谈，了解了合作社的具体管理措施；通过与社员的交流，了解他们所在村的区域特征、个体和家庭特征、农产品与技术环境特征、社会经济文化环境特征以及农户对农民专业合作社扶持政策满意度情况。

从表 4-1 我们可以看出，605 位农户的平均年龄为 35.26 岁，以中年人为主，其中 44.1%的调查对象年龄在 41～50 岁之间，15.7%的农户年龄在 51～60 岁，人数最少的是 30 岁及以下和 60 岁及以上年龄段的农户，加起来所占的比例不足 10%，这可能是由于大多数年轻人不懂农业生产技术，甚至根本不愿从事农业活动，基本选择外出经商或打工，而大多数老年人虽懂农业生产技术，但由于体力的原因从事农业活动比较困难，因而这两个年龄段参加调查的人数较少。相比较前面两个年龄段的农户，30～50 岁年龄段农户是主要对象，务农的比较多，因为他们既有农业生产技术经验，又愿意从事农业生产活动，而且体力比较充沛。

表 4-1 样本数据基本情况

	特征	频数	百分比
年龄	小于 30 岁	35	5.8%
	30～40 岁	193	31.9%
	41～50 岁	267	44.1%
	51～60 岁	95	15.7%
	大于 60	15	2.5%
性别	男	551	91.1%
	女	54	8.9%

（续）

	特征	频数	百分比
婚姻	已婚	586	96.9%
	未婚	19	3.1%
文化程度	小学及以下	42	6.9%
	初中	290	47.9%
	高中及以上	273	45.2%
合作偏好	不太愿意型	6	1.0%
	中间型	133	22.0%
	愿意型	466	77.0%
家庭人口数	4 个及以下	260	43.0%
	5 个及以上	345	57.0%
劳动力数量	3 人及以下	318	52.6%
	4 人及以上	287	47.4%
人均年收入	小于 5000 元	90	14.9%
	5000～6500 元	176	29.1%
	大于 6500 元	339	56.0%
农业收入占比重	小于 20%	80	13.2%
	20%～50%	250	41.3%
	大于 50%	275	45.5%
打工收入占比重	小于 20%	345	57.0%
	20%～50%	178	29.4%
	大于 50%	82	13.6%
生产经营规模	非常小	13	2.1%
	较小	78	12.9%
	一般	315	52.1%
	较大	178	29.4%
	非常大	21	3.5%
是否城镇	是	299	49.4%
	否	306	50.6%
村居民收入水平	较低	35	5.8%
	一般	406	67.1%
	较高	164	27.1%

（续）

	特征	频数	百分比
乡镇经济发展水平	较低	70	11.6%
	一般	390	64.4%
	较高	145	24.0%

调查问卷中有91%的农户为男性，这可能是由于从事农业生产的大多是男性农户，因而对农民专业合作社关注度比女性更高；在样本中，已婚的农户占了大多数，比例为96.9%，未婚仅占3%，这说明是否成家立业对加入农民专业合作社是有一定影响的；在文化程度上，初中所占的比例最高，为47.9%，从数据中我们可以看出被调查农户的文化程度还是偏低的，基本符合当地情况；被问及合作偏好时，有1.0%的人认为自己是不太愿意合作型，有22%的农户是属于中间型的，有77%的农户认为自己是属于愿意合作型，这说明大多数农户还是愿意合作的，这也是比较符合实际的。

被访问的农户家庭人口数较多，有57%以上农户在5口人及以上；农户的家庭人均收入水平较高，56.0%的农户家庭人均收入水平在6500元以上，但仍有44.0%的农户收入在江西农民人均纯收入以下；劳动力数量在3人及以下的农户家庭占到了52.6%，说明样本地区的劳动力数量还是偏低的；农户家庭农业收入大约占家庭总收入的比重50%以上的家庭占45.5%，农户家庭中在外打工人数量较少，打工收入比重在20%及以下的家庭占到了57.0%。

农户的生产经营规模一般，占到了52.1%；样本中有50.6%的农户各种社会关系资源一般；调查村大部分都处于乡镇，离乡镇在3公里以内的占了77.19%；农户所在村加入农民专业合作社户数在10%以下的占55.7%，所调查的村的居民收入水平基本处于一般水平，占67.1%；与周围乡镇相比，所在村经济发展水平一般的占了64.4%。

4.1.3 产业结构、市场销售与农业发展环境

4.1.3.1 农产品产业结构与市场销售情况

本部分主要通过询问受访者农产品与技术环境、价格波动程度与销售农产品所面临的一些情况，了解是否存在价格波动大和缺技术指导等问题。在问卷样本中，当问及农户所生产的农产品类型时，回答频率最高的是养殖类产品，有31%的农户回答是养殖类产品，有24%的农户回答是粮食作物，同时有24%的

农户回答是瓜果蔬菜类，生产林业产品的农户最少，仅占7%，如图4-1所示。

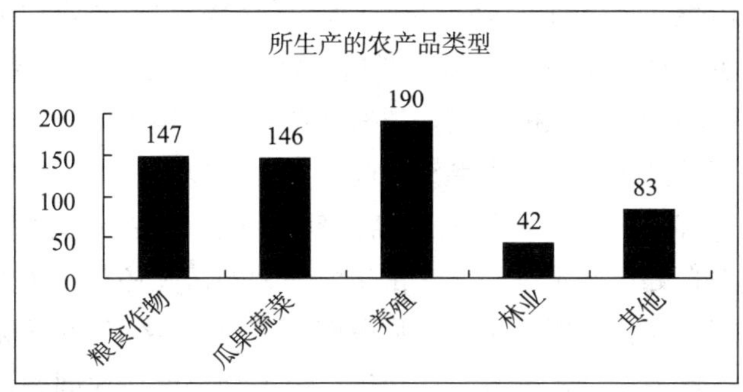

图 4-1 农户所生产的农产品类型

当被问及“所生产的农产品年销售量占生产量的比例”时，如图 4-2 所示，有 46%的农户生产的农产品 80%以上是用来销售的，25%的农户生产的农产品 60%～80%也是用来销售的，很少的农户生产的农产品全部自己吃。

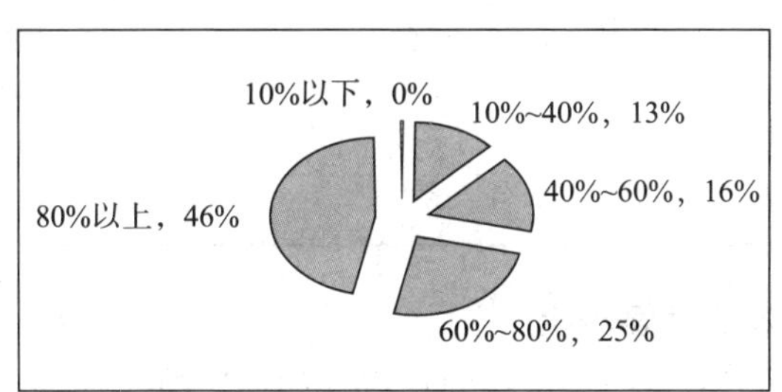

图 4-2 所生产的农产品年销售量占生产量的比例

从图 4-3 中我们可以看出，样本农户所生产的农产品主要销往的是本乡镇以外的市场，比例高达 86%，而销往本乡镇的比例比较小，仅占 14%，与后面的需要销售帮助高相对应。

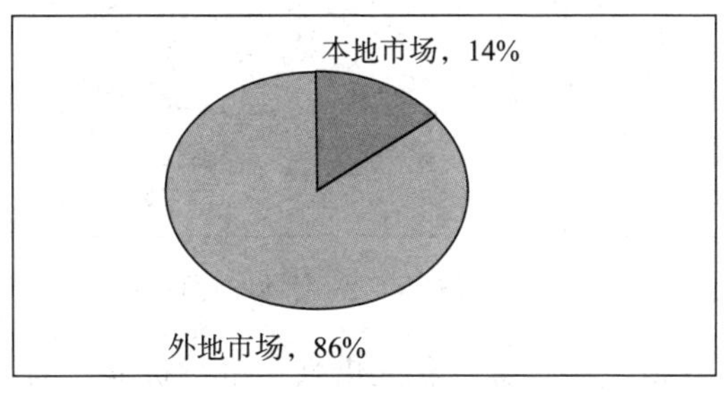

图 4-3 农产品产销地

如表 4-2 所示，我们可以看出，缺乏技术帮助和销售帮助是影响农户生产的首要问题，由表 4-2 我们可以看出江西地区很少经常有农业技术推广人员进行指导，因而生产技术得不到提高，产量也就不能增加，从而导致收入较低，这也正是农户面临的比较大的问题，还有江西农产品销售难问题，这和前面的农户生产的农产品基本是销售本乡镇是吻合的，所以需要畅通销售渠道，保障农户的农产品能够卖得出去，因此也需要解决销售问题；其次是价格波动问题，江西市场发育程度并不是很高，价格波动大的情况还是比较大，而江西农户抗市场风险能力还比较弱，由此可见政府应在技术、销售和保障市场稳定方面加强指导和扶持力度，帮助农户尽快解决以上面临的主要问题，从而达到增加农户收入的目标。

表 4-2　生产经营中遇到的问题

	很低	较低	一般	较高	非常高
生产投入费用	0%	4%	36%	55%	5%
需要技术帮助	2%	5%	40%	40%	13%
需要销售帮助	3%	8%	43%	33%	13%
价格波动程度	2%	10%	47%	32%	9%
是否有技术人员指导	10%	26%	35%	24%	5%

4.1.3.2　当地的农业发展环境

当问及农户“当地农产品市场发育程度如何”时，如图 4-4 所示，农户认为市场发育一般的比例最大，占了 46%，认为市场发育程度较好的占了 31%，认为很好的仅占 5%，而 15%的人认为发育程度较差，3%的人认为发育程度很差。

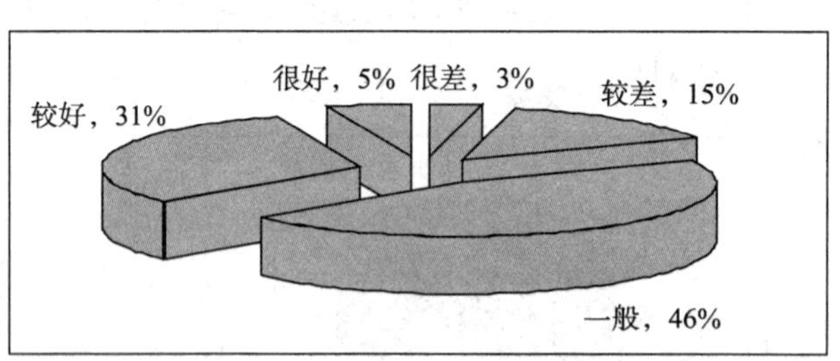

图 4-4　当地农产品市场发育程度

当问及农户“获得生产资金（私人借款、银行贷款）的难易程度”时，如图 4-5 所示，绝大多数农户认为较难获得生产资金，所占比例高达 47%，有

12%的农户认为很难获得生产资金，而仅有1%的农户认为很容易获得生产资金，4%的农户认为较易获得生产资金，31%的农户认为一般，这说明在当地还是存在普遍的借贷款难的问题，这对农户的生产经营是有一定影响的。

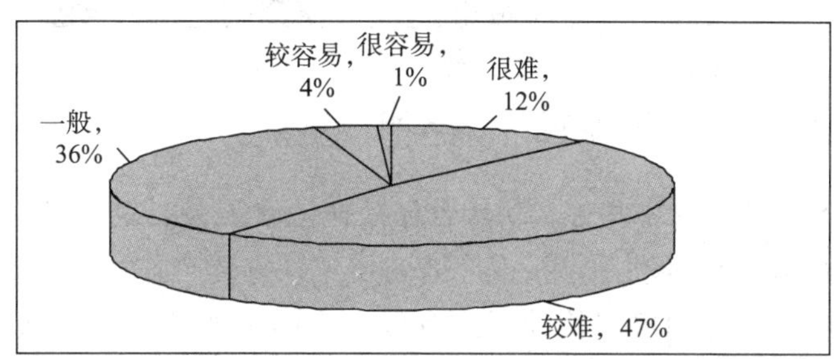

图 4-5 获得生产资金的难易程度

由表 4-3 我们可以看出，当地农户普遍认为当地干部的工作作风是比较好的，其次认为当地的基础设施包括道路、水电、通信等都还是比较完善的；当地农户认为很差的是农业规模化水平，认为农业的规模比较小，分散经营的现象比较普遍，其次是农户兼业化程度比较低，主要还是以务农为主，从事其他非农行业还是不多。

表 4-3 当地社会环境

	很差	较差	一般	较好	很好
干部工作作风	2%	4%	33%	45%	16%
基础设施	3%	8%	34%	41%	14%
农户兼业化程度	2%	14%	55%	23%	6%
农业规模化水平	8%	31%	43%	15%	3%

4.1.4 农户对扶持政策描述分析

4.1.4.1 农民专业合作社扶持政策了解描述

近年来，由于江西省的农民专业合作社发展得很快，当问及农户“是否了解国家支持农民专业合作社政策”时，有67%的农户对农民专业合作社的政策还是有一定了解的，听说过但不太了解的占21%，完全没听说过的仅占2%，说明政府宣传有关合作社的扶持政策还是有一定成效的，如图4-6所示。

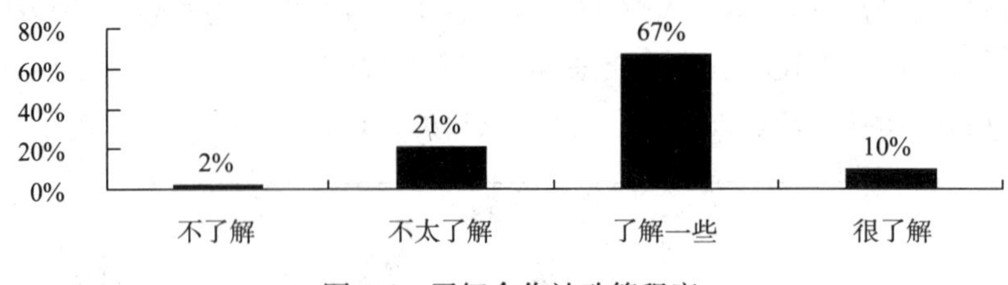

图 4-6 了解合作社政策程度

当问及农户“采取哪些方式宣传合作社扶持政策最有效”时，如图 4-6 所示，有 30%的农户认为利用电视或广播的形式来宣传合作社扶持政策最有效，其次是认为乡镇干部到村宣传的形式有效，比例占到了 21%，认为村干部开会宣传有效的比例占到 20%。

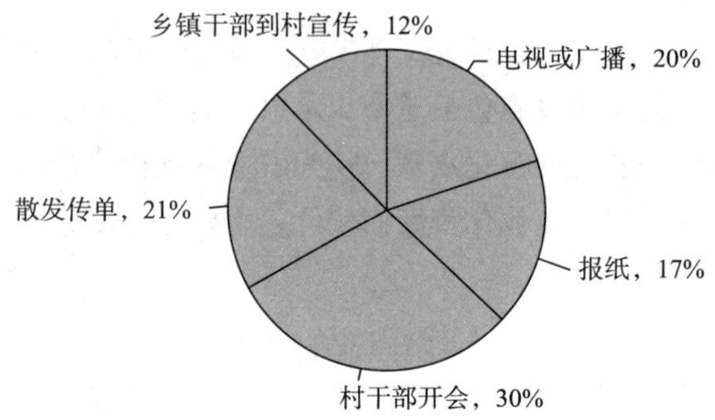

图 4-7 宣传合作社扶持政策方式

当问及农户“对于所在农民专业合作社，最需要的政策扶持有以下哪四项”时，从图 4-8 中，我们可以看出，农户认为对于所在农民专业合作社最需要的政策扶持是项目扶持、科技扶持、贷款贴息扶持和信息扶持。所以农户认为所在农民专业合作社面临的主要困难是缺乏技术、项目、资金和信息指导。

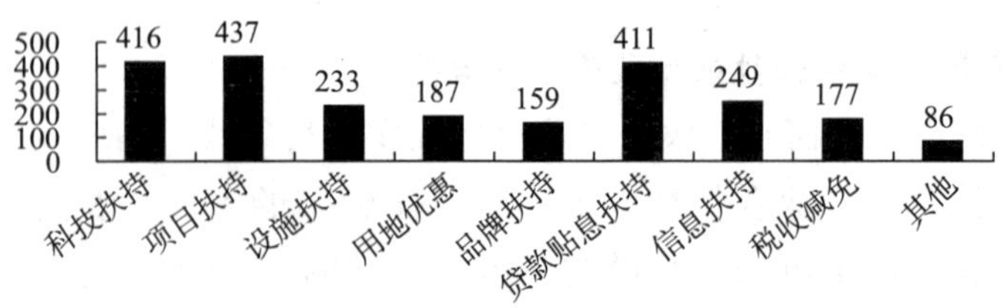

图 4-8 最需要的扶持政策

4.1.4.2 扶持政策满意度描述

从调查结果来看，总体扶持政策满意度平均为 3.89 分，介于“满意度一般”和“满意度较高”之间，说明当前合作社农户对扶持政策的总体满意度较高。其中认为“满意度较高”的农户比重最大，为 36%（图 4-9），其次是认为满意度一般的农户，占了 26%，比重最小的是认为满意度很低的农户。

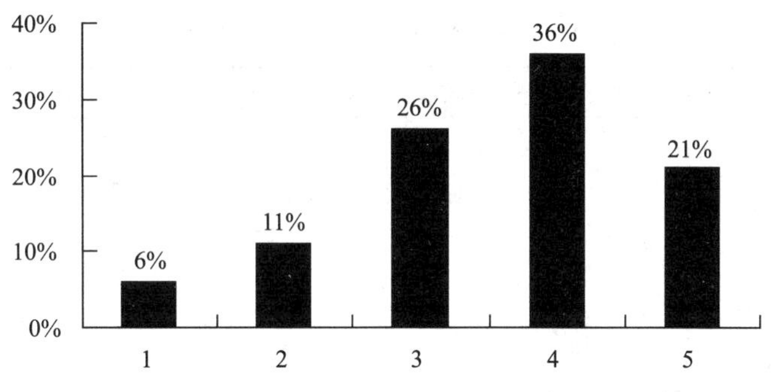

图 4-9 对合作社扶持政策的总体满意度

在 8 项具体政策的评价中，所有政策中评价最高的是税收减免政策，其平均得分为 4.1；其次为项目扶持政策和科技扶持政策，其平均得分均为 3.54 分；而贷款贴息政策的得分只有 3.01，在所有政策中得分最低。通过以上调查分析可以看到，虽然有些扶持政策得到落实，如税收减免，但各项政策的农户满意度水平并不高。合作社扶持政策实施绩效没有达到农户的预期，存在较大的落差，说明现有扶持政策的效果并没有真正满足合作社农户的需求。

由表 4-4 我们可以看出，在对农民专业合作社扶持政策满意度的调查中，农户对科技扶持满意度较高的比例最大，为 31%，其次是认为满意度一般的农户占 25%；农户对设施扶持满意度较高的比例最大，为 27%，其次是认为满意度一般的农户占了 24%；农户对税收减免扶持满意度较高的比例最高，为 34%，其次是认为满意度一般的农户占 24%；农户对用地优惠扶持政策满意度较高的比例最高，为 28%，其次是认为满意度一般的农户占了 23%；农户对贷款贴息扶持政策满意度较高的比例最高，为 27%，其次是认为满意度很低的农户占 25%，可见农户对贷款贴息政策满意度不是很高；农户对项目扶持政策的满意度较高的比例最高，占了 28%，其次是认为满意度一般的农户占了 24%；农户对信息咨询扶持政策满意度较高的比例最高，占了 36%，其次是认为满意度一般的农户占了 25%；农户对品牌扶持政策满意度的比例为 28%，比例最高，其次是对品牌扶持政策满意度一般的农户，比例占到了26%。

从表4-4中我们同样可以看出，通过对这8项扶持政策纵向比较，农户对合作社扶持政策满意度中，认为满意度很低的是贷款贴息；认为扶持政策中满意度较低的是用地优惠；认为扶持政策中满意度一般的是品牌扶持；认为扶持政策中满意度较高的是信息咨询；认为扶持政策中满意度很高的是税收减免。

表4-4　农户对合作社扶持政策满意度调查

	满意度很低	满意度较低	满意度一般	满意度较高	满意度很高
科技扶持	12%	12%	25%	31%	20%
设施扶持	19%	12%	24%	27%	18%
税收减免	8%	10%	24%	34%	24%
用地优惠	20%	15%	23%	28%	14%
贷款贴息	25%	11%	22%	27%	15%
项目扶持	14%	12%	24%	28%	22%
信息咨询	9%	9%	25%	36%	21%
品牌扶持	15%	14%	26%	28%	17%

4.2　农民专业合作社扶持政策满意度影响因素分析

4.2.1　个体特征、家庭特征对合作社扶持政策满意度的影响分析

4.2.1.1　分析框架

通过调查可知，目前农民专业合作社扶持政策主要有品牌扶持、设施扶持、税收减免、贷款贴息、项目扶持、用地优惠、信息咨询、科技扶持8项政策。农户对上述各项具体政策的评价都会直接影响其对农民专业合作社扶持政策的总体满意度评价，而农户的个体特征（性别、年龄、文化程度、婚姻状况、合作偏好）、家庭特征（家庭人口数、劳动力数量、家庭人均收入、家庭农业收入占比重、家庭打工收入占比重、经营规模）和外部特征变量（地理位置、村居民收入水平、乡镇经济发展水平）等主要是通过影响各项具体的扶持政策从而最终影响总体扶持政策的满意度。因此，我们将农户对设施扶持等8项政策的评价作为中间变量，将合作社农户家庭特征、个体特征等因素作为初始变量，通过路径分析，揭示农户个体特征及家庭特征等8项扶持政策对合作社扶持政策总体满意度的影响机理。

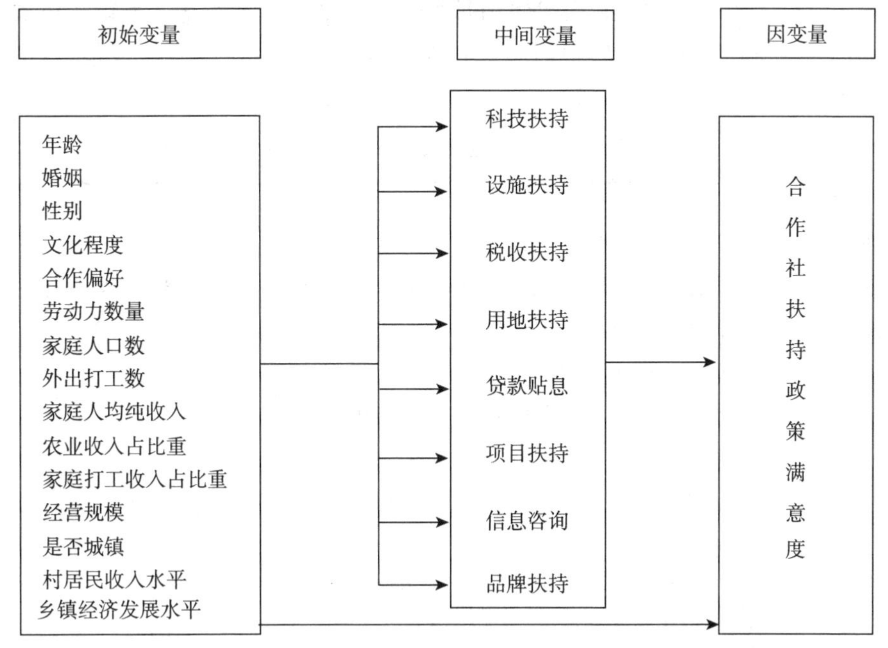

图 4-10　分析框架

首先，我们把评价对象定义为农户所在合作社的扶持政策，为方便研究，只选择各类扶持政策中所包含的农民专业合作社扶持政策进行农户评价。

其次，通过设计问卷调查农户对所有扶持政策绩效给出一个总评价。对于各项具体的 8 项农民专业合作社扶持政策项目，通过调查合作社农户的特征变量（包括个人特征和家庭特征），建立这些特征变量与农户总体评价结果之间的相关分析，来判断每项具体专业合作社扶持政策效果对总体政策评价的影响。

本书在调查问卷设计时将合作社农户最终评价分为五个等级。即对因变量农民专业合作社扶持政策满意度评价，赋值 1～5，这五个等级中选择评价结果。分析框架如图 4-10 所示。

4.2.1.2　变量设置

（1）变量定义

根据李克特五量表法，我们将有关变量定义如下，见表 4-5。初始变量有：①个体特征包括婚姻状况、性别、文化程度、合作偏好、年龄；②家庭特征变量：经营规模、劳动力数量、家庭人均收入、家庭农业收入占比重、家庭人口数、家庭打工收入占比重；③外部特征变量：村居民收入水平、乡镇经济发展水平、地理位置。本书将农户对合作社扶持满意度 Z1（1＝满意度很低；2＝满意度较低；3＝满意度一般；4＝满意度较高；5＝满意度很高）作为因变量。

表 4-5　变量说明与取值

变量	定　　义
初始变量	
*X*1	年龄（1＝30 岁以下；2＝31～40 岁；3＝41～50 岁；4＝51～60 岁；5＝60 岁以上）
*X*2	性别（1＝男；0＝女）
*X*3	婚姻（1＝已婚；0＝未婚）
*X*4	文化程度（1＝小学及以下；2＝初中；3＝高中及以上）
*X*5	合作偏好（1＝不太愿意型；2＝中间型；3＝愿意型）
*X*6	家庭人口数（1＝4 个及以下；2＝5 个及以上）
*X*7	劳动力数量（1＝3 人以下；2＝4 人及以上）
*X*8	家庭人均收入（1＝5000 元以下；2＝5000～6500 元；3＝6500 元以上）
*X*9	农业收入占比重（1＝20％以下；2＝20％～50％；3＝50％以上）
*X*10	家庭打工收入占比重（1＝20％以下；2＝20％～50％；3＝50％以上）
*X*11	经营规模（1＝非常小；2＝较小；3＝一般；4＝较大；5＝非常大）
*X*12	是否城镇（1＝是；0＝否）
*X*13	村居民收入水平（1＝较低；（2＝一般；3＝较高）
*X*14	乡镇经济发展水平（1＝较低；2＝一般；3＝较高）
中间变量	
*Y*1	科技扶持评价（1＝满意度很低；2＝满意度较低；3＝满意度一般；4＝满意度较高；5＝满意度很高）
*Y*2	设施扶持评价（1＝满意度很低；2＝满意度较低；3＝满意度一般；4＝满意度较高；5＝满意度很高）
*Y*3	税收减免评价（1＝满意度很低；2＝满意度较低；3＝满意度一般；4＝满意度较高；5＝满意度很高）
*Y*4	用地优惠评价（1＝满意度很低；2＝满意度较低；3＝满意度一般；4＝满意度较高；5＝满意度很高）
*Y*5	贷款贴息评价（1＝满意度很低；2＝满意度较低；3＝满意度一般；4＝满意度较高；5＝满意度很高）
*Y*6	项目扶持评价（1＝满意度很低；2＝满意度较低；3＝满意度一般；4＝满意度较高；5＝满意度很高）

（续）

变量	定义
Y7	信息咨询评价（1＝满意度很低；2＝满意度较低；3＝满意度一般；4＝满意度较高；5＝满意度很高）
Y8	品牌扶持评价（1＝满意度很低；2＝满意度较低；3＝满意度一般；4＝满意度较高；5＝满意度很高）
因变量	
Z1	扶持政策满意度（1＝满意度很低；2＝满意度较低；3＝满意度一般；4＝满意度较高；5＝满意度很高）

（2）中间变量对农民专业合作社扶持政策满意度的多元回归分析

按照分析框架，本书首先用中间变量对合作社总体扶持政策满意度进行多元回归分析，R^2为75.2%，结果说明具有较好的拟合优度。分析模型表明信息咨询、科技扶持、项目扶持、税收减免、品牌扶持、贷款贴息等评价都通过了显著性检验，而设施扶持及用地优惠评价则没有通过检验。在所有政策中，科技扶持评价的标准化回归系数为0.222，影响最大；项目扶持评价的标准化回归系数为0.182，影响次之（表4-6），因为这些都是农民专业合作社最基本的政策需求，其评价的高低将直接影响农民专业合作社扶持政策总体满意度的评价结果。由于设施扶持和用地扶持评价没有通过显著性检验，因此后面不再将其评价纳入回归模型进行分析。

表4-6　中间变量对农民专业合作社扶持政策满意度的多元回归分析

	非标准化系数	标准系数	T值
（常量）	0.638	0.567**	6.553
科技扶持	0.197	0.222**	5.307
设施扶持	−0.012	−0.014	−0.306
税收扶持	0.152	0.162**	5.037
用地扶持	0.057	0.069	1.547
贷款贴息	0.061	0.076**	1.902
项目扶持	0.154	0.182**	4.707
信息咨询	0.139	0.164**	4.472
品牌扶持	0.127	0.148**	4.208
常数项		0.638	
F值		139.134	
R^2值		0.752	

注：***、**、*分别表示1%、5%和10%的显著性水平。

（3）初始变量对农民专业合作社扶持政策满意度的多元回归分析

从模型结果来看，不论是初始变量对中间变量还是初始变量对因变量的回归模型的 F 值都通过了显著性检验，总体模拟效果都比较良好。其中初始变量对科技扶持评价的解释程度最强，而初始变量对其他中间变量的解释程度都在6％～10％（表4-7）。然而，中间变量对因变量的解释程度为75.2％，明显比初始变量直接对因变量的解释程度（6.1％）要高，说明初始变量直接解释因变量不够，初始变量主要通过中间变量来影响因变量的，这在一定程度上表明笔者的前面预设分析框架是合理的。

从数据分析结果来看，初始变量中年龄、家庭人口数、文化程度、乡镇经济发展水平显著影响科技扶持评价，初始变量中年龄、文化程度、是否城镇、村居民收入水平性别、家庭人口数及乡镇经济发展水平显著影响设施扶持评价，初始变量中的文化程度、经营规模、农业收入比重、村民收入水平显著影响税收减免评价，初始变量中的年龄、家庭人口数、合作偏好、文化程度、村居民收入水平、是否城镇、乡镇经济发展水平显著影响用地优惠评价，初始变量中年龄、文化程度、婚姻状况、合作偏好、是否城镇、乡镇经济发展水平显著影响贷款贴息评价，初始变量的年龄、文化程度、合作偏好、家庭人口数、乡镇经济发展水平显著影响项目扶持评价，初始变量中的文化程度、合作偏好、家庭人口数、乡镇经济发展水平显著影响信息咨询评价，初始变量中的婚姻状况、家庭人口数、经营规模、文化程度、乡镇经济发展水平显著影响品牌扶持评价，初始变量中的文化程度、家庭人口数、是否城镇、经营规模及乡镇经济发展水平显著影响合作社扶持政策满意度。

表4-7 初始变量对农民专业合作社扶持政策满意度的多元回归分析

初始变量	中间变量								因变量
	科技扶持评价	设施扶持评价	税收减免评价	用地优惠评价	贷款贴息评价	项目扶持评价	信息咨询评价	品牌扶持评价	总体扶持政策评价
年龄	0.151***	0.155***	0.059	0.115**	0.171***	0.152***	0.048	0.019	0.053
性别	−0.199	−0.304*	0.090	0.021	−0.172	−0.230	−0.095	−0.080	−0.043
婚姻	0.326	0.163	−0.117	−0.188	−0.496*	−0.180	0.194	−0.466*	−0.109
文化程度	0.447***	0.426***	0.335***	0.257***	0.178***	0.311***	0.277***	0.310***	0.257***
合作偏好	0.065	0.086	0.055	0.094**	0.106**	0.091*	0.094*	0.054	0.065
家庭人口数	0.071**	0.069*	0.035	0.107***	0.106	0.129***	0.069*	0.067*	0.082***
劳动力数量	0.048	0.038	0.034	0.060	−0.007	0.011	0.065	0.073	0.014

（续）

初始变量	中间变量								因变量
	科技扶持评价	设施扶持评价	税收减免评价	用地优惠评价	贷款贴息评价	项目扶持评价	信息咨询评价	品牌扶持评价	总体扶持政策评价
外出打工数	0.006	−0.076	−0.005	−0.071	0.016	0.018	0.048	0.048	0.011
家庭人均纯收入	−0.103	−0.037	0.020	0.099	0.120	−0.063	−0.080	0.023	−0.080
农业收入占比重	−0.064	−0.088	−0.107*	−0.070	−0.019	0.015	−0.065	−0.043	−0.083
家庭打工收入占比重	0.031	0.086	−0.088	0.018	0.072	−0.016	0.038	0.034	0.035
经营规模	0.096	0.075	0.186***	−0.020	−0.076	0.068	0.057	0.119*	0.165***
是否城镇	0.058	0.142***	0.106	0.157***	0.201***	0.084	0.030	0.077	0.128***
村居民收入水平	−0.136	−0.296***	−0.112**	−0.236**	−0.158	−0.019	0.004	−0.067	−0.086
乡镇经济发展水平	0.233***	0.310***	0.125	.0257***	0.182*	0.290***	0.177**	0.229***	0.141*
F值	4.170	3.938	3.535	3.282	2.788	4.014	2.504	3.652	3.612
R^2值	0.096	0.091	0.083	0.054	0.066	0.093	0.060	0.062	0.061

注：***、**、*分别表示1%、5%和10%的显著性水平。

（4）影响农户对合作社扶持政策满意度的路径分析

表4-8的结果向我们显示了初始变量对因变量的影响机理，总影响则为间接影响与直接影响之和，其中的间接影响则等于初始变量对各个中间变量的标准化回归系数乘以该中间变量对因变量的标准化回归系数；根据上面的分析结果，没有通过显著性检验的系数不纳入表4-8中。路径分析的结果表明，影响合作社扶持政策满意度最大的因素是系数为0.572的文化程度；其次是系数为0.323的乡镇经济发展水平；而性别、劳动力数量、家庭人均纯收入、家庭打工收入占比重等因素对合作社扶持政策满意度没有显著影响。

①年龄变量对合作社扶持政策满意度存在影响。年龄对合作社总体扶持政策满意度有正向影响，其系数为0.075；而对其他各项扶持政策，也都存在正向影响。

②从婚姻状况来看，已婚农户对于合作社扶持政策的满意度要低于未婚农户，特别是对于贷款贴息政策评价存在负向影响；说明农户成家后，家庭负担增加，家庭责任感加强，对于贷款贴息扶持要求增加，其对于目前贷款贴息现状不满意程度增大。

③文化程度对合作社扶持政策满意度有正向影响，即文化程度越高的农户对合作社扶持政策的满意度越高。这可能归结于文化程度较高的农户具有较强

的对扶持政策的理解和获取能力，相应能得到更多的政策支持。

表 4-8 初始变量对合作社扶持政策满意度的路径分析

初始变量	间接影响								直接影响	总影响
	科技扶持评价	设施扶持评价	税收减免评价	用地优惠评价	贷款贴息评价	项目扶持评价	信息咨询评价	品牌扶持评价		
年龄	0.034	—	—	—	0.013	0.028	—	—	—	0.075
性别	—	—	—	—	—	—	—	—	—	—
婚姻	—	—	—	—	−0.038	—	—	−0.069	—	−0.107
文化程度	0.099	—	0.054	—	0.014	0.057	0.045	0.046	0.257	0.572
合作偏好	—	—	—	—	0.008	0.017	0.015	—	—	0.040
家庭人口数	0.016	—	—	—	—	0.023	0.011	0.010	0.082	0.142
劳动力数量	—	—	—	—	—	—	—	—	—	—
家庭人均纯收入	—	—	—	—	—	—	—	—	—	—
农业收入占比重	—	—	−0.017	—	—	—	—	—	—	−0.017
打工收入占比重	—	—	—	—	—	—	—	—	—	—
经营规模	—	—	0.030	—	—	—	—	0.018	0.165	0.213
是否城镇	—	—	—	—	0.015	—	—	—	0.128	0.143
村居民收入水平	—	—	−0.018	—	—	—	—	—	—	−0.018
乡镇经济发展水平	0.052	—	—	—	0.014	0.053	0.029	0.034	0.141	0.323

④农户的合作偏好对合作社扶持政策满意度有正向影响，说明越愿意与合作社合作的农户，得到合作社的帮助越多，因而对合作社扶持政策满意度越高。

⑤从家庭人口数量来看，家庭人口数越多的农户对合作社扶持政策的满意度就越高，对其满意度有正向影响。这可能归纳于家庭人口数越多的农户其具有较丰富的社会网络、社会关系资源，相应地能获取更多的政策支持及政府帮助。

⑥从农业收入占比重来看，对合作社扶持政策有负向的影响，这可能是由于农业收入占比重越大的家庭，对农业收入越看重，对合作社越关注，想获得的政策扶持落实要求越高，因而对合作社扶持政策满意度就低。

⑦经营规模对合作社扶持政策的满意度存在正向影响，表明农户经营规模越大，其满意度越高，规模较大的农户能够获取规模经济所带来的利益，同时从目前扶持政策来看，更加倾向于向大规模的合作社进行扶持。

⑧居住地对合作社扶持政策的满意度存在正向影响。从变量设置值来看，

城镇为 1，农村为 0，符合假设；数据结果表明在城镇的农户，由于其居住地交通便利，其所获取的信息越多，因而其满意度越高。

⑨村民收入水平对合作社扶持政策的满意度有反向影响。表明收入水平越高的农户对目前合作社扶持政策满意度越低，这可能是因为收入水平越高的农户，其农业再生产的能力越强，其理解政策的能力越强，更加迫切需要政府对合作社的扶持。

⑩乡镇经济发展水平对合作社扶持政策有正向影响，说明经济水平较高地区的农户，其对合作社扶持政策越满意。

4.2.2　技术环境、社会经济文化环境对扶持政策满意度的影响分析

4.2.2.1　分析框架

通过调查可知，当前我国对农民专业合作社的政策扶持主要有科技扶持、设施扶持、用地优惠扶持、贷款贴息扶持、项目扶持、税收减免扶持、品牌扶持、信息咨询扶持等。但是在本文，笔者将对各类扶持政策中农民专业合作社有的扶持政策进行农户评价，图 4-11 是本书分析框架。

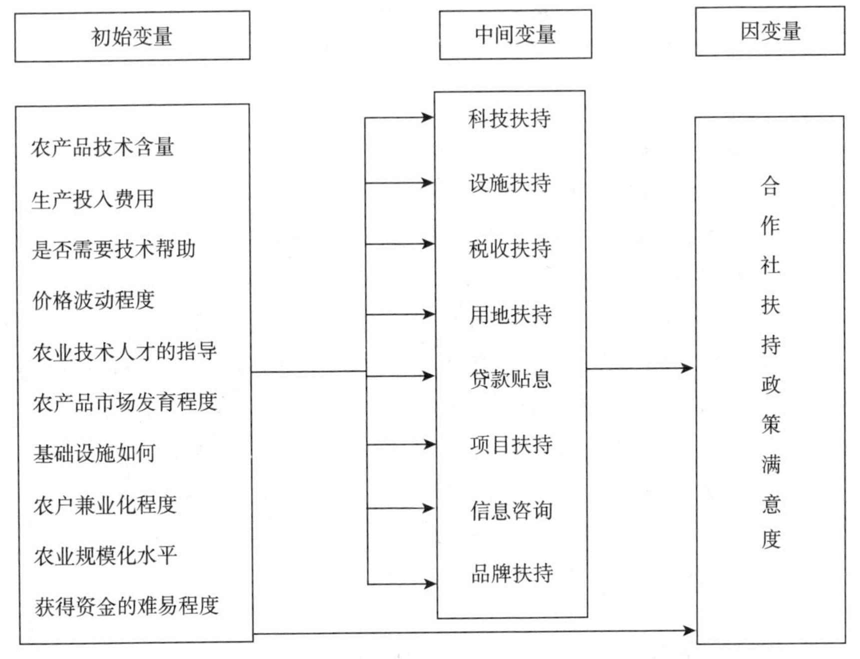

图 4-11　分析框架

对于图 4-11 具体的扶持政策项目，我们是通过了解享受具体合作社扶持政策农户的一些特征变量（包括农产品与技术环境和社会经济文化环境特征），将农户的特征变量作为初始变量，建立这些特征变量与农户对扶持政策总体满意度的关系；再将农户对信息咨询、税收扶持等 8 项政策的评价作为中间变量，分析初始变量和中间变量对因变量的影响机理。

对中间变量和因变量测量都采用从“满意度很低”到“满意度很高”，1～5 分的直接赋值方式，通过界定明确的答案标准和问题设计，在调查中既让农户有较自由的选择余地，又可给农户明确的等级界定。

初始变量主要有：①农产品与技术环境特征，包括农产品技术含量、生产投入费用、是否需要技术帮助、价格波动程度、农业技术人才的指导；②社会经济文化环境特征，包括获得资金的难易程度、农业规模化水平、农产品市场发育程度、农户兼业化程度、基础设施如何。

4.2.2.2 变量设置

(1) 变量定义

我们将初始变量、中间变量、因变量定义如表 4-9 所示。

表 4-9 变量说明与取值

变量	定义
初始变量	
*X*1	农产品技术含量（*A*1＝很低；*A*2＝较低；*A*3＝一般；*A*4＝较高；*A*5＝非常高）
*X*2	生产投入费用（*A*1＝很低；*A*2＝较低；*A*3＝一般；*A*4＝较高；*A*5＝非常高）
*X*3	需要技术帮助程度（*A*1＝很低；*A*2＝较低；*A*3＝一般；*A*4＝较高；*A*5＝非常高）
*X*4	价格波动程度（*A*1＝很低；*A*2＝较低；*A*3＝一般；*A*4＝较高；*A*5＝非常高）
*X*5	农业技术人才的指导（*A*1＝很少；*A*2＝较少；*A*3＝一般；*A*4＝较多；*A*5＝很多）
*X*6	农产品市场发育程度（*A*1＝很差；*A*2＝较差；*A*3＝一般；*A*4＝较好；*A*5＝很好）
*X*7	基础设施如何（*A*1＝很差；*A*2＝较差；*A*3＝一般；*A*4＝较好；*A*5＝很好）
*X*8	农户兼业化程度（*A*1＝很差；*A*2＝较差；*A*3＝一般；*A*4＝较好；*A*5＝很好）
*X*9	农业规模化水平（*A*1＝很差；*A*2＝较差；*A*3＝一般；*A*4＝较好；*A*5＝很好）
*X*10	获得资金的难易程度（*A*1＝非常难；*A*2＝较难；*A*3＝一般；*A*4＝较容易；*A*5＝非常容易）
中间变量	
*Y*1	科技扶持评价满意度（1＝很低；2＝比较低；3＝一般；4＝比较高；5＝很高）
*Y*2	设施扶持评价满意度（1＝很低；2＝比较低；3＝一般；4＝比较高；5＝很高）

（续）

变量	定义
$Y3$	税收减免评价满意度（1=很低；2=比较低；3=一般；4=比较高；5=很高）
$Y4$	用地优惠评价满意度（1=很低；2=比较低；3=一般；4=比较高；5=很高）
$Y5$	贷款贴息评价满意度（1=很低；2=比较低；3=一般；4=比较高；5=很高）
$Y6$	项目扶持评价满意度（1=很低；2=比较低；3=一般；4=比较高；5=很高）
$Y7$	信息咨询评价满意度（1=很低；2=比较低；3=一般；4=比较高；5=很高）
$Y8$	品牌扶持评价满意度（1=很低；2=比较低；3=一般；4=比较高；5=很高）
因变量	
$Z1$	扶持政策总体满意度（1=很低；2=比较低；3=一般；4=比较高；5=很高）

（2）中间变量对合作社扶持政策满意度的多元回归分析

如表 4-10 所示，模型的解释度为 64.7%，有较好的拟合优度。其次，我们可以看出表 4-10 模型结果显示有六项评价都通过了显著性检验。其中，影响最大的为标准化回归系数为 0.221 的科技扶持评价。其次是系数为 0.154 的项目扶持评价，除这两项外，农户认为会增加收入的最基本的政策需求还有税收减免评价、贷款贴息评价、信息咨询评价、品牌扶持评价。而设施扶持评价和用地优惠评价并未通过显著性检验，所以在后面的回归模型中不再进行分析。

表 4-10　中间变量对扶持政策满意度的多元回归分析

中间变量	非标准化回归系数	标准化回归系数	T
科技扶持评价	0.197	0.221***	5.275
设施扶持评价	−0.012	−0.014	−0.302
税收减免评价	0.153	0.161***	5.031
用地优惠评价	0.057	0.069	1.551
贷款贴息评价	0.061	0.076*	1.899
项目扶持评价	0.154	0.181***	4.682
信息咨询评价	0.139	0.163***	4.459
品牌扶持评价	0.127	0.148***	4.195
F 值		138.815	
R^2		0.647	

注：***、**、* 分别表示 1%、5%和 10%的显著性水平。

（3）初始变量对农民专业合作社扶持政策满意度的多元回归分析

从表4-11可知，10个初始变量的F值都通过了显著性检验，对几个中间变量的解释度最强的是科技扶持评价，其次是项目扶持。另外，这也说明前面假设的分析框架是合理的，因为初始变量对因变量21.4%的解释度明显低于中间变量64.7%的解释度，直接用初始变量解释因变量是不妥的，所以我们假设初始变量可能主要通过中间变量来影响因变量是有一定的合理性的。

回归结果表明，显著影响科技扶持评价的初始变量为价格波动程度、农业技术人员指导、市场发育程度、农户兼业化程度、农业规模化水平、获得生产资金难易程度；显著影响税收减免评价的初始变量为技术帮助、生产投入费用、价格波动程度、基础设施、农户兼业化程度、农业规模化水平；显著影响贷款贴息评价的初始变量为价格波动程度、市场发育程度、农业规模化水平、获得生产资金难易程度；显著影响项目扶持评价的初始变量为基础设施、价格波动程度、农户兼业化程度、农业规模化水平、获得生产资金难易程度；显著影响信息咨询评价的初始变量为农户兼业化程度、价格波动程度、农业规模化水平、基础设施、获得生产资金难易程度；显著影响品牌扶持评价的初始变量为价格波动程度、农业技术人员指导、基础设施、农户兼业化程度、农业规模化水平；显著影响合作社扶持政策总体满意度的初始变量为农产品技术含量、价格波动程度、基础设施、农户兼业化程度、农业规模化水平、获得生产资金难易程度。

表4-11 初始变量对扶持政策满意度回归结果

初始变量	中间变量						因变量
	科技扶持	税收减免	贷款贴息	项目扶持	信息咨询	品牌扶持	扶持政策总体满意度
农产品技术含量	0.069	0.016	0.052	0.062	−0.040	0.076	0.117***
生产投入费用	0.013	0.081*	0.050	−0.020	0.017	−0.023	0.001
技术帮助	−0.011	0.085***	−0.041	0.034	0.047	−0.052	0.062
价格波动程度	−0.192***	−0.145*	−0.252***	−0.225***	−0.157***	−0.112***	−0.245***
农业技术人员指导	0.140***	0.078	0.001	0.051	0.064	0.074*	0.062
市场发育程度	0.079*	0.003	0.114***	0.021	0.025	0.005	0.068
基础设施	−0.063	−0.137***	0.054	−0.089**	−0.100**	−0.086**	−0.138***
农户兼业化程度	0.142***	0.075*	0.067	0.139***	0.133***	0.077*	0.106***
农业规模化水平	0.111***	0.140***	0.100**	0.123***	0.097**	0.185***	0.165***

（续）

初始变量	中间变量						因变量
	科技扶持	税收减免	贷款贴息	项目扶持	信息咨询	品牌扶持	扶持政策总体满意度
获得生产资金难易程度	0.70*	−0.004	0.092**	0.092**	0.109***	−0.014	0.069*
F 值	11.266	6.055	8.120	9.012	6.049	6.128	10.679
R^2	0.224	0.134	0.172	0.187	0.134	0.136	0.214

注：***、**、*分别表示1%、5%和10%的显著性水平。

（4）影响农户对合作社扶持政策满意度的路径分析

表4-12显示了农户对合作社扶持政策满意度的路径分析，间接影响由初始变量对各个中间变量的标准化回归系数乘以该中间变量对因变量的标准化回归系数；直接影响是由初始变量对合作社扶持政策总体满意度的直接影响得来；总影响由间接影响和直接影响加总得来。分析的结果表明，对合作社扶持政策满意度影响最大的是系数绝对值为0.413的价格波动程度；其次是系数为0.261的获得生产资金的难易程度。

（1）农产品的技术含量对合作社扶持政策有正向影响，这可能是技术含量越高的农产品越容易得到农业技术人员的指导，因而对扶持政策更满意。

（2）生产投入费用对合作社扶持政策满意度有正向影响。这可能是由于农户对农业生产投入费用越高，其规模也越大，产生规模效应，享受的优惠政策自然就越多，因而对扶持政策就越满意。

（3）技术帮助对合作社扶持政策满意度同样有正向影响，即对农户所从事的农产品生产过程中提供越多的技术帮助，对扶持政策满意度就越高。这可能是因为农户在生产过程中得到了越多的信息技术的帮助，农产品的产量越高，收入越高，因而对扶持政策就越满意。

（4）价格波动程度对合作社扶持政策有负向影响，即农户所生产的农产品销售过程中价格波动越大，其对扶持政策满意度就越低。这可能是由于价格波动大了，市场就不稳定，而对扶持政策监管的期望就越大，而一定的扶持政策并不能满足其需求，因而满意度较低。

（5）农业技术推广人员的指导对合作社政策有正向影响，表明越是经常有农业技术推广人员指导，对合作社的扶持政策就越满意。

(6)农产品市场发育的情况对扶持政策满意度也有正向影响,也就是市场发育越成熟,农户的农产品价格越稳定,收入的波动也不会很大,甚至可能因为对市场的准确定位而增加收入,所以对扶持政策的满意度越高。

表 4-12　初始变量对农民专业合作社扶持政策满意度的路径分析

初始变量	总影响	间　接　影　响						直接影响
		科技扶持	税收减免	贷款贴息	项目扶持	信息咨询	品牌扶持	
农产品技术含量	0.117	—	—	—	—	—	—	0.117
生产投入费用	0.013	—	0.013	—	—	—	—	—
技术帮助	0.015	−0.002	0.017	—	—	—	—	—
价格波动程度	−0.413	−0.042	−0.023	−0.019	−0.041	−0.026	−0.017	−0.245
技术人员指导	0.042	0.031	—	—	—	—	0.011	—
市场发育程度	0.026	0.017	—	0.009	—	—	—	—
基础设施	−0.205	—	−0.022	—	−0.016	−0.016	−0.013	−0.138
兼业化程度	0.207	0031	0.012	—	0.025	0.022	0.011	0.106
农业规模化水平	0.226	0.025	0.023	0.008	0.022	0.016	0.027	0.165
获得生产资金的难易程度	0.261	0.15	—	0.007	0.017	0.018	—	0.069

(7)当地基础设施对合作社扶持政策满意度具有负影响,即当地基础设施越好,反而对扶持政策满意度越低。这可能是因为道路水电通信等基础设施越好,当地的经济发展水平越高,对扶持政策的期望就越大,当前的扶持政策并不能满足他们的需要。

(8)农户兼业化程度对合作社扶持政策满意度有正向影响,这可能是因为在外兼职越多,农业生产就越少,主要专注到务农以外的事情,因而对合作社的扶持政策关注度不高,对其期望值也不高,所以一旦政府有点扶持惠农政策,其满意度也会较高。

(9)农业规模水平对合作社扶持政策满意度有正向影响,这可能是因为农业规模越大,能够享受的惠农政策就越多,因而满意度也会提高。

(10)获得资金难易程度对合作社扶持政策满意度同样有正向影响,说明获得生产资金越容易,贷款贴息等扶持政策越是落实到位,门槛越低,农户对扶持政策满意度就越高。

5　农民专业合作社扶持政策需求优先序

农民专业合作社是在农村家庭联产承包经营的基础上，同类农产品的生产经营者或者同类农业生产经营服务的提供者、利用者，自愿联合、民主管理的互助性经济组织。从定义出发，我们可以知道农民专业合作社是一个由多人共享所有权的企业组织（Hansmann，1996），因此，农民专业合作社既有社团的“互助性”，又有企业的“盈利性”。农民专业合作社一方面提高了农户的组织化程度，增强了农户在激烈市场竞争中的谈判地位，有利于将外部市场内部化，从而节省交易成本，带动农户致富，增加农户收入。另一方面，农民专业合作社对接龙头企业，改变龙头企业面对分散农户的状况，提高了龙头企业采购原材料的效率，节约采购成本，也一定程度上解决了“小农户”直接面对“大市场”的难题。发达国家的农民合作社在成长过程中，政府扶持作为一种外部力量，出台了许多财政补助、税收优惠与金融支持等优惠政策，对合作社进行扶持，提供了外部资源，外部资源的介入对农民专业合作社的发展具有推动作用。但是对农民专业合作社的扶持不可能一步到位，是一个循序渐进的过程，因此，有必要对合作社农户的扶持政策需求优先序进行研究，明确合作社农户最迫切的需求，以提高政府对合作社进行扶持的针对性，提高扶持政策绩效。①

5.1　江西省农民专业合作社政策扶持概况

我国的农民专业合作社的兴起和发展，就整体而言，既不是单纯的政府推行强制性的制度变迁，也不是农民在追逐利益动机下自发行动所能实现的诱变性变迁，而是介于两者之间的政府主导下的内生需求诱制性制度变迁。所以政府对农民专业合作社的发展和推动非常关键。近几年来，中央和江西省各级政府有关部门扶持合作社的发展做出了不懈的努力，主要做法如下：

---

① 此处大部分内容发表于《农林经济管理学报》2014 年第 2 期。

5.1.1 逐步完善农民专业合作社法及相关配套

2006年2月8日农业部发布了《农民合作经济组织示范章程（试行）》，对农民合作经济组织的章程内容给予了指导。2006年10月31日，《农民专业合作社法》经十届全国人大常委会第二十四次会议审议通过。该法于2007年7月1日起施行。2007年底相继颁布施行《农民专业合作社登记管理条例》、《农民专业合作社示范章程》和《农民专业合作社财务会计制度（试行）》等与之相配套的一系列法律。2008年10月12日十七届三中全会通过了《中共中央关于推进农村改革发展若干重大问题的决定》等。这些法律的出台，确定了农民专业合作社的市场地位、国家扶持政策等，基本确立了合作社的建设与发展的法律法规制度框架体系的建立。

5.1.2 明确支持合作社的扶持政策

2009年10月，《农民专业合作社法》第7章规定了支持发展农民专业合作社的扶持政策措施，法中明确了产业政策倾斜、财政扶持、金融支持、税收优惠4种扶持方式：①产业政策倾斜第49条规定，国家支持发展农业和农村经济的建设项目，可以委托和安排有条件的有关农民专业合作社实施。②财政扶持第50条规定，中央和地方财政应当分别安排资金，支持农民专业合作社开展信息、培训、农产品质量标准与认证、农业生产基础设施建设、市场营销和技术推广等服务。③金融支持第51条规定，国家政策性金融机构和商业性金融机构应当采取多种形式，为农民专业合作社提供金融服务。具体支持政策由国务院规定。2007年，中央1号文件颁发后，中国银行业监督管理委员会加强农村金融组织体系建设，改进农村金融服务，印发了《关于调整放宽农村地区银行业金融机构准入政策更好支持社会主义新农村建设的若干意见》，意见中要求加强农村金融组织体系建设，改进农村金融服务。④税收优惠第52条规定，农民专业合作社享受国家规定的相应的税收优惠，涉及农业生产、加工、流通、服务和其他涉农经济活动。支持农民专业合作社发展的其他税收优惠政策，2008年6月24日国务院下发了《财政部、国家税务总局关于农民专业合作社有关税收政策的通知》，相关部门出台了财税〔2008〕第11号文，确立了农民专业合作社的税收政策，该通知自2008年7月1日起执行。

此外，2009年农业部、司法部、全国普及法律常识办公室联合印发《要求进一步加强农民专业合作社法宣传工作意见》，2010年5月4日发布关于支持有条件的农民专业合作社承担国家有关涉农项目的意见，2010 年 6 月 11 日农业部关于印发《农民专业合作社示范社创建标准（试行）》的通知。

5.1.3 江西省相继出台了加快发展合作社发展的政策

2007 年 5 月，江西省八部门联合下发《关于加快农民专业合作社发展的若干意见》，规定明确了财政、税收、信贷、用地用电、工商注册和等级等 10 多项扶持政策。为支持、引导农民专业合作社的发展，对农民专业合作社的组织和行为进行规范，维护农民专业合作社及其成员的合法权益，促进农业现代化的实现和农村经济的快速发展，根据《中华人民共和国农民专业合作社法》等有关法律法规，结合实际，江西省依据实际状况，制定《江西省农民专业合作社条例》。2011 年 12 月 1 日江西省十一届人大常委会第 28 次会议通过了该条例，并于 2012 年 1 月 1 日起正式施行。《条例》中第三章规定应加大力度给予扶持与服务，在教育培训，财政金融，税收信贷等方面进行扶持帮助。

5.2 江西省农民专业合作社扶持政策需求的描述性分析

5.2.1 数据来源和调查内容

本书所用数据来自国家自然科学基金课题合作单位国家统计局江西省调查总队，以及江西农业大学部分研究生利用 2014 年暑假对江西省农民专业合作社的情况进行的抽样调查。问卷调查设计内容包括所在的区域特征（包括距县城乡镇距离、入社比例等）、个体特征（包括年龄、性别、婚姻状况、文化程度、风险偏好等）、家庭特征（家庭人口数、家庭收入、经营规模、家庭社会资本状况等）、农产品与技术环境特征、社会经济文化环境特征（当地的农产品市场发育程度、购买农业资料的难易程度、干部的工作作风、基础设施如何、国家的经济形势如何、兼业化程度）、政策支持特征、政策需求次序等方面。

本次调查采取实地走访和入户调查、电话问询等方式。主要由调研区域的样本农户自行填写，同时要向农户说明填表的要求和注意事项，将问卷交给农户，由被调查农户按实际情况填写后回收，或者调查人员与被调查农户互动调查，由调查人员与被调查农户进行现场口头问答后回收。本次为保证调查数据的科学性和代表性，课题组将江西省 99 个县按照经济发展水平状况由高到低顺序排列分成 3 组；然后分别在较高、中等、较低经济发展水平组中采用随机抽样的方式。本书的数据主要以实地调研的方式进行，调研团队深入到农村，通过对农户面对面的问卷调查，从而获得真实的原始数据。调查区域涉及 5 个地区 11 个县市。最终获得 578 份有效问卷。表 5-1 对样本数据进行了一般的描述性统计。

表 5-1　样本区域分布

地区	县市个数	样本户数量	比率（%）
赣州	2	57	9.86
抚州	2	72	12.46
吉安	3	94	16.26
南昌	1	53	9.17
宜春	3	302	52.25

5.2.2　样本特征描述

通过对 605 户农民专业合作社农户的调查，有效问卷为 578 份，有效率为 95.5%。对数据进行描述性统计分析后，从表 5-2 可以清楚地看到，样本中地处城镇郊区与农村的农户比例比较均衡，比例分别为 48.79%与 51.21%，这样能较好地反映江西省农民专业合作社的实际扶持政策需求情况。农户的年龄主要分布在 31～50 岁之间，占总样本户的 75.78%，且以男性为主，比率为 91.18%。受教育程度方面，初中及高中以上文化的占到总样本的 93%，这说明农民专业合作社的社员文化程度还比较高；56.06%的农户家庭人均纯收入在 6500 元以上，反映出当地农业经济发展水平比较高。近半数农户的主要收入来源于农业。近 59%的农户的打工收入占家庭收入的比重在 20%以下，同时规模较大的农户只有 29.24%。由此可以看出，社员的生产经营规模不大，农业收入是其主要的收入来源。从表 5-2 中可以看出，78.37%的农户的合作偏好为合作性，使农民专业合作社的建立具备良好的群众基础。所调查的农民专业合作社生产的农产品以粮食作物、果瓜蔬菜类与林产品为主。

表 5-2　样本户基本情况

变量	变量值	频数	频率（%）
样本户年龄	30 岁以下	35	6.06
	31～40 岁	186	32.18
	41～50 岁	252	43.6
	51～60 岁	90	15.57
	60 岁以上	15	2.6

（续）

变量	变量值	频数	频率（%）
样本性别	男	527	91.18
	女	51	8.82
是否地处城镇郊区	是	282	48.79
	否	296	51.21
样本婚姻状况	已婚	558	96.54
	未婚	20	3.46
样本受教育水平	小学及以下	40	6.92
	初中	274	47.4
	高中（中专）及以上	264	45.67
合作偏好	不愿意型	6	1.04
	中间型	119	20.59
	合作型	453	78.37
家庭人均纯收入	5000元以下	89	15.4
	5001～6500元	165	28.55
	6500元以上	324	56.06
农业收入占总收入比	20%以下	76	13.15
	21%～50%	234	40.48
	51%以上	268	46.37
打工收入占总收入比	20%以下	338	58.48
	21%～50%	164	28.37
	51%以上	76	13.15
农业生产经营规模	非常小	13	2.25
	较小	74	12.8
	一般	304	52.6
	较大	169	29.24
	非常大	18	3.11
所生产的农产品类型	粮食作物	136	23.5
	瓜果蔬菜类	136	23.5
	养殖类产品	181	31.3
	林业产品	42	7.3
	其他	83	14.4

5.2.3 农户对农民专业合作社扶持政策特征分析

当前，政府对农民专业合作社扶持政策主要包括：科技扶持、项目扶持、信息咨询、专业合作社培训、提供税收减免、提供用地优惠、纳税优惠、提供信贷扶持的政策扶持等。因此，我们在设计调查问卷的时候，针对性的在问卷中加入以下问题：政府扶持政策的方式实施情况，农户对扶持政策的理解情况及扶持政策力度的评价，对各项扶持政策及总体政策的满意程度等问题。具体分析如下：

5.2.3.1 农户对合作社扶持政策的了解程度

合作社的发展需要政府能够创造一个良好环境，在这个环境中很重要的方面是政府对合作社的支持。见表5-3，农户对于是否了解政府制定了某项扶持政策，做出肯定回答的比重除了提供信贷扶持、提供用地优惠的比较低以外，其他项目都在47%以上，最高的达62.1%，可见普遍还是可以的。做出不清楚回答的比重都在30.5%左右，做出否定回答的比重为8.7%。这种情况出现的主要原因可能不是政府没有制定相关政策，因为了解的情况比重还是比较大的，出现否定回答或者不清楚情况的较大多是因为少数农民还没有关注到这方面的信息，或者与政府的宣传方式或者力度有一定的关系。

表5-3 农户对政府制定合作社扶持政策的了解程度

项目	是		否		不清楚	
	人数	比例（%）	人数	比例（%）	人数	比例（%）
项目扶持	327	54.4	82	13.7	192	31.9
信息咨询	347	57.8	69	11.5	185	30.7
专业合作社培训	373	62.1	62	10.3	166	27.7
提供税收减免	328	54.5	67	11.1	206	34.4
提供用地优惠	249	41.4	118	19.6	234	39.0
纳税优惠	321	53.4	69	11.5	211	35.1
提供信贷扶持	281	46.7	105	17.5	215	35.8

5.2.3.2 农户对合作社扶持政策扶持力度及内涵的理解程度的评价

农户对合作社扶持政策内涵的理解和评价关系到农户参与合作社的意愿，同时也能体现扶持政策的实施效果。由表5-4可知，农户对扶持政策的扶持力度评价也不高，认为扶持力度较大的只占26.8%，大多数人认为扶持力度一般或很小，比重依次为 48.4%和 24.8%。农户对扶持政策内涵的理解程度还不太理想，有近 37 位农户对扶持政策的内涵还不太理解，非常了解的只占 7.9%，更多的是了解一些，比重较大，为 57.8%。这反映出政府在扶持力度上还应加强。

表 5-4　农户对政府扶持政策内涵的了解

项目	人数	百分比（%）	项目	人数	百分比（%）
很小	149	24.8	很不了解	28	4.6
一般	291	48.4	不太了解	178	29.7
较大	161	26.8	了解一些	348	57.8
			非常了解	37	7.9

5.2.3.3　农户对扶持政策宣传形式及力度评价

政府所选择的政策宣传形式及宣传力度同样关系到政策的实施效果，行之有效的宣传形式能使相关政策更快更准确地达到接受者，并最大限度地让接受者领悟运用政策，同时从农户角度来看，他们认为有效的宣传方式来改进新政策宣传效率和效果。以此让农户加深对合作社扶持政策实施的了解情况。从表 5-5中看出，农户中“很满意”的比重仅占 9.5%，“较满意”的占 26.3%，“很不满意”和“不满意”比重依次为 1.2%和 17.6%。选择“一般”的将近一半，其比例达到了 45.4%，整体而言可以看出：农户对政府宣传合作社发展的扶持政策的形式和力度的评价总体上不高。农户对扶持政策的宣传力度等方面的满意度不高。

表 5-5　农户对政府宣传扶持政策的形式和力度的评价

满意程度	很不满意	不满意	一般	较满意	很满意
人数	7	106	273	158	57
百分比（%）	1.2	17.6	45.4	26.3	9.5

在调查问及农户认为有效的宣传合作社扶持政策的方式时，我们设计了五种宣传方式，让农户按照有效的方式选择三项，从表 5-6 中，结果发现，在农户的第一选择中，电视或广播选择比例最高，比例高达 75.6%。村干部开会及乡镇干部到村宣传，其比例分别为 10.1%和 7.4%。在农户的第二选择中，其比例排在前 2 位的分别是通过村干部开会和报纸宣传比例分别为 40.2%和 39.2%。在第三选择中，农户选择乡镇干部到村宣传的比例最高为 50.8%。

分析可知，通过电视或广播、村干部开会和乡干部到村宣传这三种方式受到农户普遍欢迎。因为电视或广播覆盖范围之内都可以接收新的消息，且成本较低，效果迅速；村干部开会和乡镇干部到村宣传通过直接与农户交流沟通，更通俗易懂。另一方面报纸在农户的消费人群几乎是没有，基于经济能力和文化水平的限制，这种方法在现实操作中缺乏一定的科学性。传单散发更会造成必要的浪费，宣传效果达不到理想目标。

表 5-6　农户认为有效宣传合作社扶持政策方式的调查

宣传方式	第一位（%）	第二位（%）	第三位（%）
电视或广播	75.6	6.8	4.0
报纸	4.9	39.2	4.9
村干部开会	10.1	40.2	14.3
散发传单	2.0	11.2	26.1
乡镇干部到村宣传	7.4	2.6	50.8

5.3　江西省农民专业合作社扶持政策需求影响因素分析

5.3.1　分析思路

（1）农民专业合作社扶持政策需求分类

根据已有的研究成果和江西省农业生产的特点，在进行调研时，问卷将农民专业合作社扶持政策需求设置为 9 类，分别为：1＝科技扶持、2＝项目扶持、3＝设施扶持、4＝用地优惠、5＝品牌扶持、6＝贷款贴息扶持、7＝提供信息咨询、8＝提供税收减免、9＝其他形式的支持。

（2）农民专业合作社扶持政策需求的影响因素

根据对参加农民专业合作社农户的实地调查，并根据经验与相关研究成果，意识到农户属于典型的“有限理性”决策者。因此本书将影响因素分为 6 大类，设置为模型中的解释变量，分别为所在村的区域特征、个体特征、家庭特征、农产品与技术环境特征、社会经济文化环境特征与政策支持特征，这 6 大类特征又被分成若干个小的特征，具体见表 5-7。

5.3.2　变量设置及取值

根据调研的结果，本书将农民专业合作社对扶持政策的需求设为被解释变量，将6大类特征及各类具体的特征列为解释变量，见表5-7。

表5-7　农民专业合作社扶持政策需求及影响因素

变量		变量含义	变量取值
被解释变量		$Y1$ 政策需求项数	1＝科技扶持；2＝贷款贴息扶持；3＝项目扶持；4＝税收减免；5＝其他
		$Y2$ 政策需求项数	1＝科技扶持；2＝贷款贴息扶持；3＝项目扶持；4＝税收减免；5＝其他
		$Y3$ 政策需求项数	1＝科技扶持；2＝贷款贴息扶持；3＝项目扶持；4＝税收减免；5＝其他
		$Y4$ 政策需求项数	1＝科技扶持；2＝贷款贴息扶持；3＝项目扶持；4＝税收减免；5＝其他
解释变量	村区域特征	$X1$ 所在村是否地处城镇郊区	1＝是；2＝否
		$X2$ 所在村到乡镇的距离	1＝［0，10］千米；2＝［11，20］千米；3＝［21，30］千米；4＝［31，＋∞］
		$X3$ 所在村居民收入水平	1＝较低；2＝一般；3＝较高
		$X4$ 所在乡镇经济发展水平	1＝较低；2＝一般；3＝较高
	农户个体特征	$X5$ 年龄	1＝30岁以下；2＝31～40岁；3＝41～50岁；4＝51～60岁；5＝60岁以上
		$X6$ 性别	1＝男；2＝女
		$X7$ 婚姻	1＝已婚；2＝未婚
		$X8$ 文化程度	1＝小学及以下；2＝初中；3＝高中（中专）以上
		$X9$ 合作偏好	1＝不太愿意型；2＝中间型；3＝愿意型
	家庭特征	$X10$ 家庭人口数	$2 \leqslant X10 \leqslant 14$
		$X11$ 劳动力人数	$0 \leqslant X11 \leqslant 8$
		$X12$ 外出打工人数	$0 \leqslant X12 \leqslant 6$
		$X13$ 家庭人均年纯收入	1＝5000元及以下；2＝5001～6500元；3＝6500元以上
		$X14$ 农业收入占家庭收入比重	1＝20％以下；2＝21％～50％；3＝51％以上
		$X15$ 打工收入占家庭收入比重	1＝20％以下；2＝21％～50％；3＝51％以上
		$X16$ 生产经营规模	1＝非常小；2＝较小；3＝一般；4＝较大；5＝非常大
		$X17$ 社会关系资源状况	1＝非常少；2＝较少；3＝一般；4＝较多；5＝非常多

（续）

<table>
<tr><th>变量</th><th></th><th>变量含义</th><th>变量取值</th></tr>
<tr><td rowspan="23">解释变量</td><td rowspan="7">农产品技术环境特征</td><td>X18 农产品类型</td><td>1=粮食；2=瓜果蔬菜类；3=养殖类；4=林产品；5=其他</td></tr>
<tr><td>X19 农产品技术含量</td><td>1=很低；2=较低；3=一般；4=较高；5=非常高</td></tr>
<tr><td>X20 年销售量占生产量的比</td><td>1=10%以下；2=10%～40%；3=40%～60%；4=60%～80%；5=80%以上</td></tr>
<tr><td>X21 需要技术帮助的程度</td><td>1=很低；2=较低；3=一般；4=较高；5=非常高</td></tr>
<tr><td>X22 需要销售帮助的程度</td><td>1=很低；2=较低；3=一般；4=较高；5=非常高</td></tr>
<tr><td>X23 产品价格的波动程度</td><td>1=很低；2=较低；3=一般；4=较高；5=非常高</td></tr>
<tr><td>X24 农推人员技术指导频率</td><td>1=很少；2=较少；3=一般；4=较多；5=很多</td></tr>
<tr><td rowspan="5">社会经济文化环境特征</td><td>X25 农产品市场发育程度</td><td>1=很差；2=较差；3=一般；4=较好；5=很好</td></tr>
<tr><td>X26 生产资料易购程度</td><td>1=很难；2=较难；3=一般；4=较容易；5=很容易</td></tr>
<tr><td>X27 当地基础设施情况</td><td>1=很差；2=较差；3=一般；4=较好；5=很好</td></tr>
<tr><td>X28 农户兼业化程度</td><td>1=很差；2=较差；3=一般；4=较好；5=很好</td></tr>
<tr><td>X29 生产资金获取的难易程度</td><td>1=非常难；2=较难；3=一般4=较容易；5=非常容易</td></tr>
<tr><td rowspan="11">政策支持特征</td><td>X30 是否有“支持专业合作社力度”的政策</td><td>1=是；2=否；3=不清楚</td></tr>
<tr><td>X31 是否有“项目扶持”政策</td><td>1=是；2=否；3=不清楚</td></tr>
<tr><td>X32 是否有“信息咨询”的政策”</td><td>1=是；2=否；3=不清楚</td></tr>
<tr><td>X33 是否有“专业合作社培训的政策”</td><td>1=是；2=否；3=不清楚</td></tr>
<tr><td>X34 是否有“税收减免”的政策</td><td>1=是；2=否；3=不清楚</td></tr>
<tr><td>X35 是否有“用地优惠”的政策</td><td>1=是；2=否；3=不清楚</td></tr>
<tr><td>X36 是否有“纳税优惠”的政策</td><td>1=是；2=否；3=不清楚</td></tr>
<tr><td>X37 是否有“信贷扶持”的政策</td><td>1=是；2=否；3=不清楚</td></tr>
<tr><td>X38 对政府扶持力度的评价</td><td>1=很小；2=一般；3=较大</td></tr>
<tr><td>X39 对国家相关政策的了解</td><td>1=不了解；2=不太了解；3=了解一些；4=非常了解</td></tr>
<tr><td>X40 对支持力度与扶持形式的满意度评价</td><td>1=不满意；2=不太满意；3=一般；4=较满意；5=满意</td></tr>
</table>

用。“专业合作社培训”的政策与农户对项目扶持政策的需求有非常显著的负向关系，专业合作社对农户培训的次数越多，农户能在一定程度上获取所需要的相关知识，因此对科项目扶持政策的需求会减少。

从表 5-11 中可以进一步看出，农户文化程度、劳动力个数、农户兼业化程度、对政府宣传有关合作社的扶持政策形式与力度的评价与农民专业合作社对项目扶持政策的需求呈正相关。即农户文化程度越高，思维与视野越开阔，对项目带动经济发展的认识比较高，因此对项目扶持政策的需求比较大。劳动力个数越多，对于增加家庭收入以改善家庭生活的愿望很强烈，对扩大规模生产的动力就越强，因此对项目扶持政策的需求也较大。农户兼业化程度越好，对项目扶持政策的需求也更大，主要因为兼业化程度高的农户掌握的信息高于兼业化程度低的农户，因此对项目带动收入增长的作用比较重视。

表 5-11　农民专业合作社对项目扶持政策的需求回归结果

变量	B	Std. Error	Wald	Sig.
到乡镇的距离（$X2$）	−0.439*	0.292	2.262	0.133
农户文化程度（$X8$）	0.843***	0.326	6.692	0.010
家庭人口数（$X10$）	−0.226**	0.129	3.052	0.081
劳动力个数（$X11$）	0.604***	0.222	7.395	0.007
外出打工人数（$X12$）	−0.460*	0.301	2.336	0.126
农产品技术含量（$X19$）	−0.640**	0.362	3.129	0.077
农产品价格波动（$X23$）	−0.439**	0.246	3.174	0.075
农户兼业化程度（$X28$）	0.719***	0.264	7.408	0.006
是否有“专业合作社培训”的政策（$X33$）	−1.011***	0.360	7.908	0.005
对国家政策的了解（$X39$）	−0.622**	0.355	3.074	0.080
对支持力度与扶持形式的满意度评价（$X40$）	0.453**	0.272	2.773	0.096

注：*、**、***分别表示显著性在 15%、10%、5%的显著水平下显著。−2LL＝1326.6，Cox and Snell＝0.405，模型总体显著性 $p<0.001$。

5.3.3.3　农户视角下合作社发展面临的困难排序

推动合作社的发展，肯定会面临不同程度的现实困境，作为发展现代农业经济的微观主体农户，在参加合作社之后面临的最主要困难何在？根据调查农户的困难程度选择进行排序，各项最主要困难在不同的位次上出现了不同次数，如表 5-12 所示：

表 5-12 农户所在合作社面临最主要困难排序

扶持政策	第一位	第二位	第三位	第四位	加权和
缺乏科技	265	32	26	25	1233
缺乏项目	135	164	34	29	1129
设施跟不上	53	147	75	20	823
缺乏用地	27	80	70	24	512
缺乏品牌	27	69	98	51	562
缺乏市场需求	5	38	60	33	287
缺乏资金	83	44	195	154	1008
缺乏人才	6	25	36	180	351
其他	0	2	7	85	105

如表 5-12 所示，在第一位出现次数最多的为“缺乏科技”，其次是“缺乏项目”，分别为 265 次和 135 次；在第二位上次数最多的“缺乏项目”，次数为 164 次；第三位上次数最多的为“缺乏资金”，出现次数为 195 次，第四位次数最多的为“缺乏人才”，次数为 180 次。同样对其进行分层聚类的方法对其进行聚类分析，具体结果见图 5-1。由图 5-1 可以看出，对农户来说按照困难程度聚类分析，其可以明显地聚为四类：第一类是缺乏科技，缺乏科技这项在聚类分析中它自己独占一类。这与它在第一位选择中次数明显居第一有关，同时也说明缺乏科技对农户来说是面临的最大困难。第二类是缺乏资金，单独聚为一类说明在发展合作社过程中，农户经常面临缺乏资金的尴尬，在排序中处于重要位置。第三类为缺乏项目、设施跟不上、缺乏用地、缺乏品牌和缺乏市场需求。最后结合各个位次上出现的次数来看，第四类依据分析是缺乏人才和其他。在困难程度排序中，第一类明显强于其他类别，本书将第三类和第四类合并为一大类，并结合权重进行内部排序，确定资金为最困难，其次是设施跟不上，缺乏品牌，缺乏用地，最后是缺乏人才，缺乏市场需求和其他。

通过以上分析可以看出，无论是单纯的聚类分析还是依据余额无权重转移的方法都无法准确判定各项扶持政策的重要性和困难程度，加权的方法虽然能给出排序，但是由于设定权重的主观性给排序带来了一定的不确定性。本书将聚类和权重的方法进行结合，以求进行优化排序，两次聚类的结果如表 5-13。

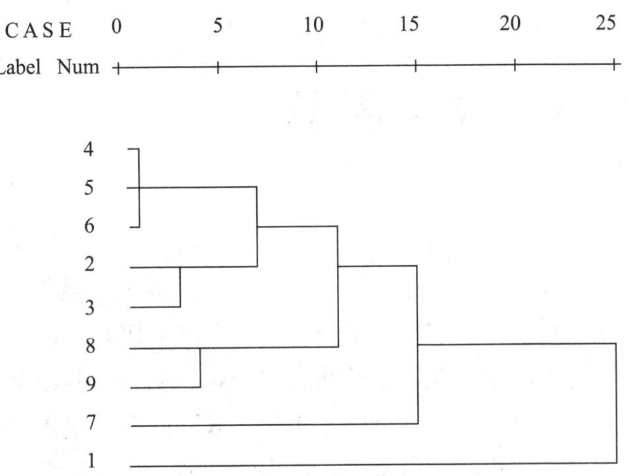

图 5-1 农户所在合作社面临困难聚类分析树状图

注：1：缺乏科技；2：缺乏项目；3：设施跟不上；4：缺乏用地；5：缺乏品牌；6：缺乏市场需求；7：缺乏资金；8：缺乏人才；9：其他。

表 5-13 聚类分析后两种标准下的排列顺序

排序标准	排列顺序								
重要性程度	1	2	6	3	4	7	5	8	9
困难程度	1	2	7	3	5	4	8	6	9

注：重要性程度：1 科技扶持；2 项目支持；3 设施扶持；4 用地优惠；5 品牌扶持；6 贷款贴息扶持；7 提供了信息咨询；8 提供了税收减免；9 其他形式的支持。

困难程度：1 缺乏科技；2 缺乏项目；3 设施跟不上；4 缺乏用地；5 缺乏品牌；6 缺乏市场；7 缺乏资金；8 缺乏人才；9 其他。

比较表 5-13 的两种排序，最重要的与最困难的排序大致相同，但是也有一定的区别。科技扶持和项目支持、贷款贴息是农户角度最需要的，同时也是发展合作社过程中面临的最大的困难。

6 农民专业合作社绩效

农民专业合作社是在农村家庭联产承包经营的基础上，同类农产品的生产经营者或者同类农业生产经营服务的提供者、利用者，自愿联合、民主管理的互助性经济组织。对于发展农民专业合作社，我国各级政府高度重视；党的十八大报告指出，要构建集约化、专业化、组织化、社会化相结合的新型农业经营体系；近年来的中央1号文件继续聚焦“三农”问题，提出创新农业生产经营体制，努力提高农户集约经营水平，大力支持发展多种形式的新型农民合作组织，稳步提高农民组织化程度。农民专业合作社作为这种新型的农业经营主体之一，不仅进行专业化的生产，提供专业化的服务，同时提高了农民的组织化程度。但是其依然存在规模不大、竞争力不强、带动农户能力比较弱、内部结构不完善与总体绩效效率不高的问题。

本章通过借助结构方程模型（SEM），从政策扶持、内部治理机制、技术因素及企业家才能4个方面对影响农民专业合作社绩效的因素进行实证分析，并据此提出相应的政策建议。①

6.1 农民专业合作社绩效影响因素的理论前提

经济学的基本原理为研究市场经济背后农户合作的动因和农民专业合作社存在发展的内在机理提供了很好的理论基础。该理论认为，制度始终处于一个变迁的状态，这种变迁是制度之间替代、转换和交易的过程，是按照向效益更高的方向发展的。变迁的主体既包括个人也涵盖了自愿联合的团体和政府。制度变迁是制度创新的动力和阻力相互作用的结果，制度创新是由于在现存制度下，人们通过扩大市场规模、发展生产技术后发现他们的成本收益有了改变，从而存在潜在的获利机会。个人追求利润最大化是制度创新的动力。与此对应的是形成规模经济的条件限制、外在环境制度化的困难、各种风险的担心、市场失败与政治压力等原因又是必须考

① 此处大部分内容发表于《农业技术经济》2014年第12期。

虑的潜在成本，同时也成为制度创新的各种阻力，这些阻力使得潜在的利润在现存的制度下无法实现。因此，在一些人认为潜在的利润大于这些障碍所造成的成本时，即动力大于阻力，一项新的制度就应运而生，否则就不会出现。

本书根据实际条件，将现阶段我国农民专业合作社看作一项制度创新，它是经济当事人在外部利润的引导下建立和发展起来的。在这项制度形成之前，农户普遍没有团体互助经营。然而，当农户意识到这种分散经营再也满足不了获得一定的利益，就萌发了建立农民专业合作社的需求，希望通过农户间的相互合作与联合，获得期望的规模效益。当然，农民专业合作社的建立、运营和维护必不可少要花费不少的成本，其中包含了农户互相找寻共同运营与农民专业合作社创建之后维持组织成员良好合作状态和保持高效运行必须支付的协调成本，农户只有在合作后获得的收益大于合作社通过创新所花成本的条件下，才会去选择合作的方式进入市场，进而真正的农民专业合作社才会产生。

6.2 影响农民专业合作社绩效因素的假设

本书拟从政策扶持、技术因素、内部治理机制、企业家才能四个方面分析其对农民专业合作社绩效影响的程度和作用方向。

6.2.1 关于政策扶持的影响

政策扶持对农民专业合作社的建立与发展起到了重要的引导作用，关系到合作社能否更容易获取自身发展所需的各种要素资源，从而对合作社绩效产生影响。政府扶持政策包括科技扶持、项目扶持、贷款贴息扶持、税收优惠、财政补贴等扶持政策。当前我国农民专业合作社自身创收能力还不强，带动农户增收的能力有待提高，在自身发展过程中存在资金不足、农业生产技术还比较欠缺等各种难题，依靠自身的能力不足以解决这些问题，亟须政府扶持，政府通过对合作社进行扶持可以增强其竞争力，降低其风险，提高其绩效，促进其发展（孔祥智，2007；董晓波，2010）。因此，本书提出第一个假设 1（H1）：政策扶持对农民专业合作社绩效有正向影响。

6.2.2 关于技术因素的影响

科学技术是第一生产力，实现农业现代化，离不开科学技术的支撑。加强对农民专业合作社的技术支撑，对其生产经营进行技术指导，提高科技贡献率与农业技术推广效率，提高合作社中农业科技人员的比重，进而提高农业生产效率，增加合作社收入，提高合作社农户的满意度，吸引更多农户加入合作社。当前我国农民合作社绩效不高，与合作社的农业技术推广效率偏低密切相关（刘洁，2012），因此提高农民专业合作社的技术水平，培养新型农民，对于提高合作社绩效显得尤为重要（赵佳荣，2009）。基于此，本书提出第二个假设 2（H2）：技术因素对农民专业合作社绩效有正向影响。

6.2.3 关于内部治理机制的影响

内部治理机制涉及农民专业合作社的利益分配，影响到合作社组织结构与决策方式，从而影响合作社的绩效。在合作社绩效的影响因素之中，内部机制与结构是核心因素（Vitalino，1983；Cook，1995；Nilsson，2001）。良好的内部治理机制应有合理的利润返还比例、较好的管理队伍和管理机制、能为社员提供良好的服务。因此，改善治理结构是促进合作社规范发展的内容之一（黄胜忠，2008），其中股权结构、理事会结构对合作社的绩效影响较大（徐旭初，2010），因为不同的产权机制，决定了合作社不同的治理机制，从而影响到农民专业合作社的绩效（宋茂华，2011）。完善的内部治理机制能够调动社员的积极性，有利于合作社绩效的提高。因此，本书提出第三个假设 3（H3）：内部治理机制对农民专业合作社绩效有正向影响。

6.2.4 关于企业家才能的影响

具备良好企业家才能的合作社负责人，能提高合作社内部的凝聚力，能辨别市场中存在的机遇与风险，从而做出正确的决策，带领合作社朝着正确的方向发展。一个优秀的农民专业合作社负责人应具备良好的管理技巧与熟悉合作社的主要经营业务，具备战略眼光，做出正确的决策，促进合作社的发展，不断提高农民专业合作社的营运能力与竞争力。因此，农民专业合作社管理者能力对合作社绩效存在着正相关的关系（黄永利，2013）。据此，本书提出第四个假设 4（H4）：企业家才能对农民专业合作社绩效有正向影响。

为验证以上假设，本书构建结构方程模型（SEM）对农民专业合作社绩效的影响因素进行实证分析，该结构模型图如图 6-1 所示。

该结构模型的方程式表达形式为：

$$\eta=\Gamma_1\xi_1+\Gamma_2\xi_2+\Gamma_3\xi_3+\Gamma_4\xi_4+\zeta$$

η 为内衍潜变量，即文中的农民专业合作社绩效；Γ_n、ξ_n 分别为外衍潜变量对内衍潜变量的影响系数与外衍潜变量，ξ_n 即为文中的政策扶持、技术因素、内部治理机制、企业家才能这四个外衍潜变量；ζ 为残差，即方程模型中无法预测或解释到的误差值。

图 6-1　农民专业合作社绩效影响因素结构方程模型

6.3　农民专业合作社绩效影响因素的实证分析

6.3.1　数据调查说明

6.3.1.1　数据来源

本书研究所用数据来源于课题组于 2014 年 7 月对江西省农民专业合作社所做的实地调研。涉及江西省 11 个地区中的 9 个地区，调研了 350 个农民专业合作社，最终有效问卷为 300 份，问卷有效率为 85.71%。

6.3.1.2　农民专业合作社绩效特征描述

考虑到农民专业合作社真实的财务数据涉及其商业机密，比较难于获取，因此，本书对农民专业合作社的绩效采用主观评价的方法，从销售收入、盈利水平、合作社为社员销售农产品的比例、合作社农产品占有市场份额、合作社新入社的农户增长率、社员对合作社的总体满意度六个方面来衡量农民专业合作社的绩效，基本方法为：采用李克特五级量表，给出一组陈述，回答选项设有“完全不同意”、“不同意”、“不一定”、“同意”、“完全同意”，分别对上述回答赋值为 1、2、3、4、5，被调查者根据自己对某个事物的看法与态度进行回答，分值越高，表明受访者对该事物持积极或肯定的态度越高。

根据调研结果，从总体上来看，农民专业合作社的绩效呈现上升的态势。51.33%的合作社农户对合作社销售收入出现明显增长表示同意，31.67%的农户完全同意；50.33%的合作社农户同意合作社盈利水平出现明显提高的观点，34.33%的农户完全同意；有 53.33%的合作社农户对合作社为社员销售农产品比例明显增长感到满意，完全同意的农户占比 26%；在合作社占市场份额方面，44.33%的合作社农户对合作社市场份额不断增加表示同意，完全同意的比例为 29.33%；在合作社新入社农户增长率不断提高方面，46.67%的合作社农户表示同意，26.67%的合作社农户完全同意；50%的农户同意合作社总体满意度不断上升的看法，35%的合作社成员完全同意，可见，85%的合作社成员对合作社总体上感到满意。具体见表 6-1。

表 6-1 农民专业合作社绩效特征的描述性统计

绩效	取值	频数（个）	百分比
销售收入出现明显增长（*P*1）	1	3	1.00%
	2	7	2.33%
	3	41	13.67%
	4	154	51.33%
	5	95	31.67%
盈利水平出现明显提高（*P*2）	1	2	0.67%
	2	3	1.00%
	3	41	13.67%
	4	151	50.33%
	5	103	34.33%
合作社为社员销售农产品比例明显增长（*P*3）	1	3	1.00%
	2	5	1.67%
	3	54	18.00%
	4	160	53.33%
	5	78	26.00%
合作社农产品占市场份额不断增加（*P*4）	1	3	1.00%
	2	5	1.67%
	3	71	23.67%
	4	133	44.33%
	5	88	29.33%

（续）

绩效	取值	频数（个）	百分比
合作社新入社农户增长率不断提高（P5）	1	5	1.67%
	2	13	4.33%
	3	62	20.67%
	4	140	46.67%
	5	80	26.67%
成员对合作社总体满意度不断上升（P6）	1	3	1.00%
	2	6	2.00%
	3	36	12.00%
	4	150	50.00%
	5	105	35.00%

6.3.1.3 测量变量的描述性统计

本书设置了政策扶持、技术因素、内部治理机制与企业家才能四个潜变量作为农民专业合作社绩效的影响因素，由于潜变量不能直接观察与测量，需要通过观察变量来反映。政策扶持、技术因素（B1 与 B2）及内部治理机制的测量变量采用李克特 5 点量表法，与前文对测量合作社绩效的方法一致。企业家才能的测量变量同样采用李克特 5 点量表，受访者对给出一组陈述的态度为“完全不符”、“不太符合”、“不确定”、“比较符合”、“完全符合”，分别赋值为 1、2、3、4、5。而技术因素的测量变量之一，合作社中农业科技人员占社员的比重（B3），用 1（5%及以下）、2（6%～10%）、3（11%～20%）、4（21%～30%）、5（31%以上）赋值，江西省农民专业合作社农业科技人员占社员的比重较低，不到 10%。具体见表 6-2。

表 6-2 合作社绩效测量变量的描述性统计

因子	编号	测量变量	均值	标准差
政策扶持	A1	政府必须予以“财政补贴”	4.19	0.98
	A2	政府必须予以“用地支持”	4.09	1.01
	A3	政府必须予以“税收优惠”	4.29	0.90
	A4	政府必须予以“技术培训支持”	4.41	0.82
	A5	政府必须予以“借贷优惠”	4.32	0.95
技术因素	B1	提高合作社的“科学技术贡献率”	4.10	0.92
	B2	提高合作社的“农业技术推广率”	4.28	0.82
	B3	合作社中农业科技人员占社员的比重	1.78	1.00

（续）

因子	编号	测量变量	均值	标准差
内部治理机制	*C*1	提高合作社对农户的“利润返还比率”	4.12	0.89
	*C*2	实行一人一票制，成员享有一票表决权	4.31	0.89
	*C*3	合作社出资额较大者拥有附加表决权	3.82	1.23
	*C*4	合作社拥有良好的管理队伍	4.45	0.75
	*C*5	合作社拥有良好的管理机制	4.50	0.70
	*C*6	合作社为社员提供了良好的服务	4.49	0.68
企业家才能	*D*1	我善于处理人际方面的问题	4.22	0.64
	*D*2	我能把战略目标具体化为下属的具体工作	4.10	0.77
	*D*3	我能调动员工和社员的积极性	4.33	0.68
	*D*4	我善于把合作社众人的力量凝聚在一起	4.30	0.70
	*D*5	我能准确判断各种变化而制定应对方案	3.97	0.80
	*D*6	我能分析与总结决策成功与失败之处	3.97	0.78
	*D*7	我能很好辨别市场中机会与危险	3.90	0.82
农民专业合作社绩效	*P*1	销售收入出现明显增长	4.10	0.79
	*P*2	盈利水平出现明显提高	4.17	0.74
	*P*3	合作社为社员销售农产品比例明显增长	4.02	0.77
	*P*4	合作社农产品占市场份额不断增加	3.99	0.83
	*P*5	合作社新入社农户增长率不断提高	3.92	0.89
	*P*6	成员对合作社总体满意度不断上升	4.16	0.79

6.3.2 信度和效度检验

（1）信度检验。为了观察问卷各项目的内部一致性，通常采用Cronbach's α系数和项目总体相关系数（*CITC*）来反映。一般认为 Cronbach's α 值在 0.7 以上时问卷的可信度较高，项目总体相关系数对 Cronbach's α 系数信度检验起到补充作用，对于 *CITC* 值小于 0.4，且删除该测量变量之后，问卷的总体信度得到提高，则该测量变量应被删去。通过 SPSS19.0 软件运算，问卷的 Cronbach's α 值为 0.909，属于高信度，说明问卷的可信度非常高，但测量变量“合作社出资额较大者拥有附加表决权”（*C*3）的 *CITC* 值小于 0.4，为 0.371，删除之后，问卷的总体信度提高到 0.910，因此将其删除，问卷的内在一致性更加合理。

（2）效度检验。效度即有效性，它是指测量工具或测量手段能够准确测量出所需测量事物的准确程度，也就是测量到的结果能反映所要考察内容的程度。效度检验主要检验各共同因子下各测量变量间的收敛效度以及因子之间的区别效度，通常用因子分析的载荷值来判断收敛效度和区别效度（朱红根，2012）。一般认为，因子载荷值在 0.5 以上，表示收敛效度越高；在其所属的因子中，测量变量大于 0.5 的因子载荷值越多，则因子之间的区别效度越高。经计算，测量变量的因子载荷值均在 0.5 以上，说明问卷具有良好的收敛效度。

6.3.3 因子分析

一般认为，测量变量的 KMO 值达到 0.8 比较适合做因子分析。本书设置了政策扶持、技术因素、内部治理机制、企业家才能四个潜变量，共 21 个测量变量作为合作社绩效的影响因素，经过信度、效度分析之后，测量变量 C3 被删除，只对剩下的 20 个测量变量做因子分析，结果显示，KMO 值为 0.885，并且 Bartlett 球形度检验的卡方值为 3456.937，其显著性水平（sig. 值）小于 0.001，表明适合做因子分析。本书采用限定抽取公因子法做因子分析，输入因子数为 4，结果显示，这 4 个公因子累计贡献率达到 62.036%，说明这 4 因子对 21 个测量变量具有 62.036%的解释程度。具体见表 6-3。

表 6-3　农民专业合作社绩效影响因素因子载荷

因子	测量变量	载荷	贡献率（%）	累计贡献率（%）
政策支持	政府必须予以“财政补贴”（*A*1）	0.740	35.278	35.278
	政府必须予以“用地支持”（*A*2）	0.836		
	政府必须予以“税收优惠”（*A*3）	0.795		
	政府必须予以“技术培训支持”（*A*4）	0.607		
	政府必须予以“借贷优惠”（*A*5）	0.798		
技术因素	提高合作社的“科学技术贡献率”（*B*1）	0.739	15.366	50.644
	提高合作社的“农业技术推广率”（*B*2）	0.723		
	合作社中农业科技人员占社员的比重（*B*3）	0.501		
内部治理机制	提高合作社对农户的“利润返还比率”（*C*1）	0.545	6.160	56.804
	实行一人一票制，成员享有一票表决权（*C*2）	0.675		
	合作社拥有良好的管理队伍（*C*4）	0.793		
	合作社拥有良好的管理机制（*C*5）	0.755		
	合作社为社员提供了良好的服务（*C*6）	0.743		

（续）

因子	测量变量	载荷	贡献率（%）	累计贡献率（%）
企业家才能	我善于处理人际方面的问题（*D*1）	0.626	5.232	62.036
	我能把战略目标具体化为下属的具体工作（*D*2）	0.591		
	我能调动员工和社员的积极性（*D*3）	0.752		
	我善于把合作社众人的力量凝聚在一起（*D*4）	0.694		
	我能准确判断各种变化而制定应对方案（*D*5）	0.743		
	我能分析与总结决策成功与失败之处（*D*6）	0.794		
	我能很好辨别市场中机会与危险（*D*7）	0.768		

继续对农民专业合作社绩效的测量变量进行 KMO 检验，结果显示其 KMO 值为 0.848，Bartlett 球形度检验的卡方值为 924.882，sig 值为 0.000，小于 0.001，表明适合做因子分析。对农民专业合作社绩效进行因子分析时，同样采用限定抽取公因子的方法，输入因子数量为 1，结果表明，因子累计贡献率为 63.009%，即这个因子对这 6 个测量变量具有 63.009%的解释程度。具体见表 6-4。

表 6-4　农民专业合作社绩效影响的因子载荷

因子	测量变量	载荷	贡献率（%）	累计贡献率（%）
农民专业合作社绩效	销售收入出现明显增长（*P*1）	0.838	63.009	63.009
	盈利水平出现明显提高（*P*2）	0.883		
	合作社为社员销售农产品比例明显增长（*P*3）	0.801		
	合作社农产品占市场份额不断增加（*P*4）	0.811		
	合作社新入社农户增长率不断提高（*P*5）	0.904		
	成员对合作社总体满意度不断上升（*P*6）	0.855		

6.3.4　结构方程模型分析

（1）模型适配度检验

从初始模型出发（图 6-1），根据修正后的模型（图 6-2）适配指标，对前文提出的假说和作用路径进行验证。一般选用卡方自由度比（*CMIN*/*DF*）、规准适配指数（*NFI*）、良适性适配指标（*GFI*）、比较适配指数（*CFI*）、增值适配指数（*IFI*）、相对适配指数（*RFI*）、残差均方和平方根（*RMR*）、渐进残差均方和平方根（*RMSEA*）等指标来评价模型的拟合优度。从表 6-5 可以看出，修正后的模型比初始模型具有更好的拟合度。修正后的模型标准化路径系数见表 6-6；卡方自由度比（*CMIN/DF*）为 1.901，小于 3，表明样本数据与模型具有良好的适配程度。结构方程模型的卡方自由度比会受到样本容量大小的影响，需要参考其他的指标才能更为全面与客观的评价模型的优良。规准适配指数（*NFI*）、良适性适配指标（*GFI*）、比较适配指数（*CFI*）、增值适配指数（*IFI*）、相对适配指数（*RFI*）都不小于 0.9，残差均方和平方根（*RMR*）小于 0.05，渐进残差均方和平方根（*RMSEA*）小于 0.08，说明修正模型基本上达到了适配标准（图 6-3）。

表 6-5　模型适配指标

统计检验指标	初始模型指标	修正模型指标	判断标准
卡方自由度比（*CMIN/DF*）	3.219	1.901	<3，非常好
良适性适配指标（*GFI*）	0.816	0.897≈0.90	>0.90，非常好
规准适配指数（*NFI*）	0.811	0.898≈0.90	>0.90，非常好
比较适配指数（*CFI*）	0.860	0.948	>0.90，非常好
增值适配指数（*IFI*）	0.861	0.949	>0.90，非常好
相对适配指数（*RFI*）	0.786	0.873≈0.90	>0.90，非常好
残差均方和平方根（*RMR*）	0.044	0.034	<0.05，非常好
渐进残差均方和平方根（*RMSEA*）	0.086	0.055	<0.08，非常好

表 6-6　修正模型标准化路径系数表

路径关系			路径系数	路径关系			路径系数
合作社绩效	<———	政策扶持	0.148	*C*2	<———	内部管理	0.636
合作社绩效	<———	技术因素	−0.122	*C*1	<———	内部管理	0.803
合作社绩效	<———	内部管理	0.562	*D*6	<———	企业家才能	0.57
合作社绩效	<———	企业家才能	0.145	*D*5	<———	企业家才能	0.608
*A*5	<———	政策扶持	0.76	*D*4	<———	企业家才能	0.66
*A*4	<———	政策扶持	0.77	*D*3	<———	企业家才能	0.692
*A*3	<———	政策扶持	0.82	*D*2	<———	企业家才能	0.625
*A*2	<———	政策扶持	0.789	*D*1	<———	企业家才能	0.581
*A*1	<———	政策扶持	0.732	*P*1	<———	合作社绩效	0.66
*B*3	<———	技术因素	0.024	*P*2	<———	合作社绩效	0.657
*B*2	<———	技术因素	0.888	*P*3	<———	合作社绩效	0.813
*B*1	<———	技术因素	0.888	*P*4	<———	合作社绩效	0.798
*C*6	<———	内部管理	0.829	*P*5	<———	合作社绩效	0.673
*C*5	<———	内部管理	0.835	*P*6	<———	合作社绩效	0.758
*C*4	<———	内部管理	0.738				

(2) 结构方程模型计算结果分析

运用 AMOS17.0 软件，在农民专业合作社样本数据的基础上，对政策扶持、技术因素、内部治理机制、企业家才能四个潜变量对农民专业合作社绩效的影响程度与作用方向进行了分析，具体见图 6-2；为将结果进一步突出，我们将其简化归纳，得出各潜变量之间的关系，见图 6-3。

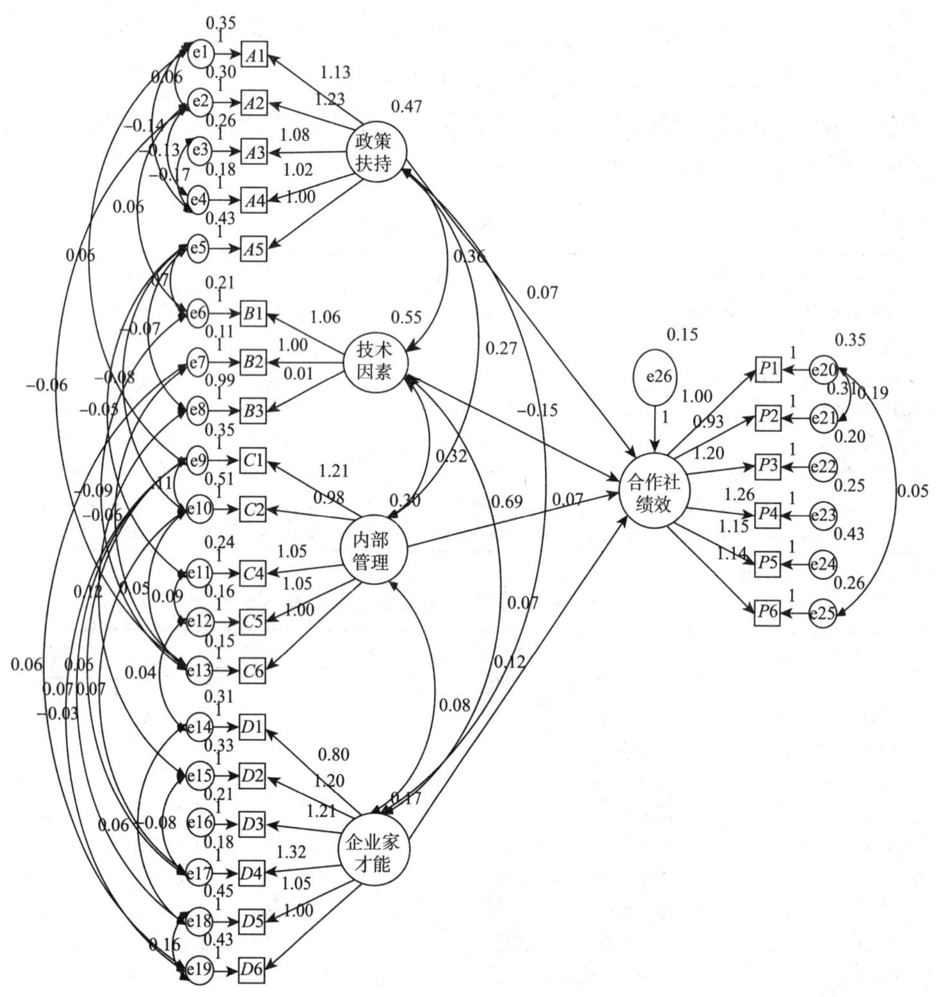

图 6-2　农民专业合作社绩效结构方程修正模型

从表 6-7 中可以看出政策扶持、技术因素、内部治理机制、企业家才能对合作社绩效影响的标准化系数及假设结果得到了相应的验证。

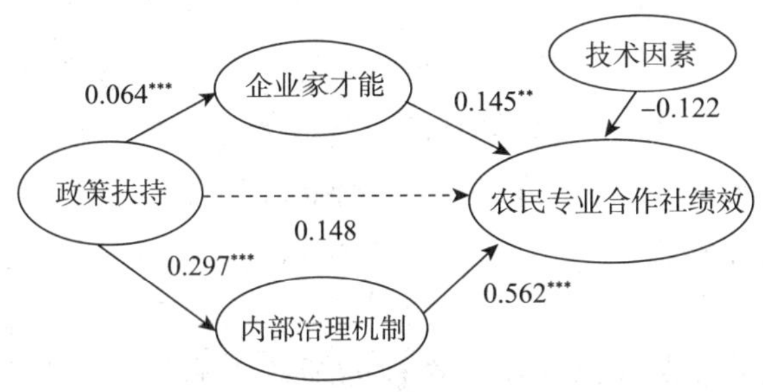

图 6-3　农民专业合作社绩效影响因素的作用路径

注：虚线表示没有通过显著性检验，实线表示通过了显著性检验，其中***、**表示通过了1%、5%显著性检验。

表 6-7　农民专业合作社绩效影响因素的标准化系数及假设结果检验

路径	预期方向	总效应	直接效应	间接效应	检验结果
H1：政策扶持→合作社绩效	+	0.176	—	0.176	部分成立
H2：技术因素→合作社绩效	+	—	—	—	不成立
H3：内部治理机制→合作社绩效	+	0.562	0.562	—	成立
H4：企业家才能→合作社绩效	+	0.145	0.145	—	成立

注：表中所表示的数据均具有统计显著性，"—"表示统计不显著而未在表中列出。

根据农民专业合作社绩效影响因素结构方程模型的估计结果可知：

（1）政策扶持对合作社绩效没有直接影响。政策扶持对合作社绩效的直接路径没有通过显著性检验，但对内部治理机制与企业家才能的路径系数通过了显著性检验。这一重要结论说明：政府对合作社提供政策扶持，通过合作社负责人具备良好的企业家才能，促进合作社内部治理机制更加规范与完善，从而提升农民专业合作社的绩效。因此，在农民专业合作社发展过程中，要注重农民专业合作社负责人企业家才能的培养及合作社内部机制的治理，从而提高政策扶持效率与合作社绩效。

（2）技术因素对合作社绩效的影响不显著。技术因素没有通过显著性检验，可能是因为农民专业合作社在自身发展过程中主要依靠经验与自身的判断，缺乏技术的支撑。当前我国不仅农业科技转化率低，而且农业科技人员占农户的比重也比较低，导致农业生产效率还不够高，对农民专业合作社绩效的影响不明显。

（3）内部治理机制对农民专业合作社的绩效影响显著。内部治理机制通过了1%水平的显著性检验，而且路径系数为正，说明内部治理机制越完善，农民专业合作社绩效越好。本书采用“利润返还比率”、“投票表决权”、“管理队伍”、“管理机制”、“为社员提供服务”5个测量变量来反映内部治理机制的情况，由显著性结果可知，提高利润返还比例、保障社员的投票表决权、健全管理队伍、理顺管理机制、为社员提供更好的服务，能显著提高农民专业合作社的绩效。

（4）企业家才能对农民专业合作社的绩效影响显著。企业家才能通过了5%水平的显著性检验，而且作用方向为正，说明合作社负责人如果具备良好的企业家才能，合作社的绩效会更好。其原因在于：一方面，拥有良好企业家才能的合作社负责人具备战略眼光，能够组织好合作社内部的人力与物力，充分调动社员的积极性，优化合作社的资源配置，促进合作社绩效的提升；另一方面，拥有良好企业家才能的合作社负责人善于发现市场中存在的机遇与风险，根据市场变化，抓住有利于合作社发展的机遇，提升合作社的绩效。

7 农民专业合作社农户履约行为

由于市场供需的变动，农产品价格波动较频繁，合作社农户（以下简称社员）与合作社签订的合同价格经常与市场价格不一致。农户作为有限理性经济人，以追求自身收益最大化为目标，但受制于个人禀赋等因素，在信息不完全或不对称的情况下，不可避免的产生机会主义行为。当市场价格低于合同价格时，农户的占优策略为完全执行合同（本章不对此种情况进行分析）；当市场价格高于合同价格时，合同的履行使社员农产品销售收入遭受损失，此时社员的履约行为是社员与合作社反复博弈的结果，因此，本章将分析市场价格高于销售合同价格时农户的履约行为。[①]

7.1 理论分析

当市场价格高于销售合同价格时，社员做出是否履约的决定受到其个体特征、家庭特征、农产品特征、社会经济环境特征、合作社特征以及合同特征的影响，本书将根据以上特征的影响提出以下研究假设：

（1）个体特征。本书用性别、年龄与文化程度来体现农户的个体特征。一般认为，相对于男性，女性的销售能力较弱，更依赖于销售合同，其违约的可能性更低；年龄越大的社员，意味着其文化程度较低，一方面，这部分农户自身解决销售问题的能力较差，对合同销售的依赖程度更高；另一方面，如果这部分社员违约后，需重新进入市场，产生新的搜寻成本与谈判成本，导致交易成本过高，因此，这部分农户选择履约可能性较高。

（2）家庭特征。本书用家庭劳动力人数与农产品占家庭收入比重来反映社员家庭的特征。一般认为，农产品收入占家庭收入的比重越低，农户的兼业化程度较高，农业生产规模较小，其家庭收入主要来源于非农产业，履约虽然使农户的农产品销售收入受到损失，但与农业生产规模较大的农户相比，其损失较小，且损失与违约后产生的高昂交易成本（重新寻找交易对象的搜寻成本、

① 此处大部分内容发表于《农林经济管理学报》2015 年第 2 期。

谈判成本等）相差无几，甚至要低，因此，相对于农产品收入占家庭收入高的社员，这部分农户履约的可能性更高。家庭劳动力人数越多，社会关系资源越丰富，独自解决销售问题的能力较强，在市场价格高于合同价格的情况下，其违约的可能性较高。

（3）农产品特征。本书将用农产品类型、农产品生产投入费用以及农产品价格波动程度来表示农产品特征。调研发现社员生产的农产品主要为粮食类作物、瓜果蔬菜类、养殖类与林业产品，相比粮食类作物与林业产品，瓜果蔬菜类与养殖类农产品保鲜期短、不易储藏，需要及时出售，因此，从事这两类农产品生产的农户履约的可能性更大。农产品生产投入费用越高，农业生产成本越大，当合同价格低于市场价格时，农户履行合约，其农产品销售收入遭受侵蚀严重，甚至出现亏损，因此，农产品生产费用越高，农户违约的概率越大。农产品价格波动程度越大，社员面临的不确定性市场风险越大，农户自身素质不高，难以独自承担不确定性市场风险，因此，其履约的概率越大。

（4）社会经济环境特征。从我国农村经济发展的经验上来看，距离乡镇较近的农村，其经济发展水平较好，农民收入较高，基础设施也较为完善，主要是因为乡镇企业的发展为就近农村的农业劳动力转移提供了就业岗位，也为农业适度规模经营创造了条件，进一步促进了就近农村农业机械化水平的提高，而且因为距离市场较近，农户能较快且掌握较多的市场信息，致使其农业生产的商品化程度较高。同时，在这些农户的收入结构中，非农收入占据较大的比重，与偏远的农村相比，这些因素的差异性对农户履约行为有不同的影响。因此，本书选用村到乡镇的距离与基础设施两个变量来体现农民专业合作社的社会经济环境特征。农户所在村到乡镇距离越远，农产品销售的运输费用较高，且不能及时地掌握市场交易信息，违约后重新寻找交易对象的成本较高，因此其违约的可能性较低。基础设施越完善，农产品的交易费用越低，农户违约的可能性较高。

（5）农民专业合作社特征。本书选用政府扶持、入社后农业技术水平变化、合作社是否对农田等基础设施进行建设、有无盈利返还与合作社对违约的处罚力度来反映合作社特征。政府对合作社进行扶持，降低了社员的交易成本，增加了社员的收益，其违约的可能性降低。入社后农户的农业技术水平增加，其农产品质量得到提高，增强了农产品的市场竞争力，农业收益因此增加；违约使社员面临获取农业生产技术渠道被封锁的威胁，致使其违约的可能性较低。合作社对农田等基础设施进行投资，使社员的农业生产活动更加便利，提高了农业抵御自然灾害的能力，使农业生产得到保障，增加了农户的收益，因此，农户违约的可能性较低。合作社的盈利返还政策是基于社员与合作社进行交易的基础之上，履行了合同的社员可从合作社分享盈利返还，增加其农产品销售收入，因此，合作社的盈利返还政策能有效降低社员的违约率。农民专业合作社在我国农业产业化进程中的作用日益重要，其作为连接农户与农业龙头企业的重要纽带，其不仅从事生产、加工的经营活动，还向农业龙头企业提供原材料，因此，社员的违约行为有可能造成合作社生产原料不足，甚至使合作社完成不了其与其他企业签订的合约，从而造成损失。为了避免或减少社员违约带来的损失，合作社会对社员的违约行为采取惩罚性措施，处罚力度越大，社员违约成本越高，社员面临违约的威胁越大。但由于合作社面对众多社员的违约行为，其调查取证的难度较大，且花费的时间较长，致使合作社对社员的处罚难以实现。

（6）合同特征。虽然《中华人民共和国合同法》第一百一十一条明确规定非因不可抗力因素而违约使另一方遭受损失时，另一方有权要求违约方赔偿损失。但中国农民的文化素质不高，对合同法的具体内容知之甚少，在合同中明确规定违约处罚条款有助于增强合同对农户的约束性，提高合约的稳定性。王亚静与祁春节的研究表明：合同中的违约处罚条款进一步规范了合同，加大了违约成本，一定程度上提高了农户的履约率。因此，本书选用合同是否有违约处罚条款来反映合同的特征，合同中的违约处罚条款提高了社员的违约成本，降低了违约农户的收益，有助于提高农户的履约率。

7.2 数据来源与样本统计描述

7.2.1 数据来源

课题组于 2013 年 6 月通过入户调查的形式，深入到江西各地区农村，采取随机抽样的方式，对农民专业合作社社员进行调查。主要调查农户所在的区域特征、个体特征、家庭特征、农产品与技术环境特征、社会经济环境特征、合作社社员与合作社是否签订合同以及合同的履行情况。调查区域涉及江西的 5 个地区，分别为，南昌、赣州、宜春、抚州与吉安，共 11 个县市，样本县市既有经济发展水平较好的、也有经济发展水平一般与较差的，从而保证了所调查样本具有较好的代表性。此次调研发放 578 份问卷，剔除缺失关键数据的无效问卷，最终获得有效问卷 540 份，问卷有效率 93.4%。在这 540 份问卷中，只有 414 户农户与合作社签订了农产品销售合同。

7.2.2 样本统计描述

从表 7-2 可以看出，在所调查样本中，社员的年龄在 31～40 岁的社员占比 29%，在 41～50 岁之间的为 45.9%，51～60 岁之间的社员所占比重为 17.4%，表明我国农村劳动力以中老年为主；合作社 89.6%的社员为男性，初中文化程度与高中及以上的社员们分别占比 58.9%与 37.2%，反映江西省农民专业合作社农户的文化程度以初中为主；66.4%的社员家庭农业收入占总收入比为 40%以上，其中 33.8%的社员占比家庭农业收入占总收入比重在 70%以上，表明农业收入仍为社员家庭收入的主要来源，社员主要以务农为主，收入渠道来源单一；社员主要以粮食作物、瓜果蔬菜类产品与养殖类产品的生产为主。

表 7-1 农民专业合作社样本农户基本特征

样本特征	取值	频数	百分比（%）	样本特征	取值	频数	百分比（%）
年龄	30 岁以下	21	5.1	性别	女	43	10.4
	31～40 岁	120	29.0		男	371	89.6
	41～50 岁	190	45.9	文化程度	小学及以下	16	3.9
	51～60 岁	72	17.4		初中	244	58.9
	60 岁以上	11	2.7		高中（中专）及以上	154	37.2
农产品类型	粮食作物	73	17.6	农业收入占比	20%及以下	55	13.3
	瓜果蔬菜类	99	23.9		20%～40%	84	20.3
	养殖类产品	160	38.6		40%～70%及以上	135	32.6
	林业产品	32	7.7		70%以上	140	33.8

7.3 变量设置与计量模型选择

7.3.1 变量设置

在农产品市场价格高于销售合同价格的情况下，社员综合各种因素做出是否履约的决策。据调查，67.9%的被调查农户选择履约，32.1%的没有履约。

因此，在自变量选取方面，本书从个体特征、家庭特征、农产品特征、社会经济环境特征与合作社特征方面选取 16 个变量，以探求影响社员履约的因素，具体变量设置见表 7-2。

表 7-2 变量选取与赋值

特征类型	变量代码	变量赋值	平均值	方差	预期方向
	是否履行销售合同（y）	0=否，1=是	0.679	0.219	
个体特征	年龄（x_1）	1=30 岁以下，2=31～40 岁，3=41～50 岁，4=51～60 岁，5=60 岁以上	3.125	0.733	+
	性别（x_2）	1=女，2=男	1.896	0.093	−
	文化程度（x_3）	1=小学及以下，2=初中，3=高中（中专）及以上	2.415	0.379	+/−
家庭特征	家庭劳动力人数（x_4）	实际数值（连续变量）	3.162	1.327	−
	农产品收入占比（x_5）	1=20%以下，2=21%～50%，3=51%及以上	2.870	1.058	−
农产品特征	农产品类型（x_6）	1=粮食作物类，2=瓜果蔬菜类，3=养殖产品类，4=林业产品类，5=其他	2.727	1.434	+/−
	农产品生产投入费用（x_7）	1=很低，2=较低，3=一般，4=较高，5=非常高	3.679	0.451	−
	农产品价格波动（x_8）	1=很低，2=较低，3=一般，4=较高，5=非常高	3.217	0.674	+
社会经济环境特征	村到乡镇的距离（x_9）	实际数值（连续变量）	4.406	8.750	+
	基础设施（x_{10}）	1=很差，2=较差，3=一般，4=较好，5=非常好	3.403	0.779	−
合作社特征	是否有政府扶持（x_{11}）	1=不清楚，2=否，3=是	2.599	0.565	+
	入社后农技水平变化（x_{12}）	1=没有变化，2=有一定提高，3=很大提高	2.345	0.377	+
	合作社是否建设农业设施（x_{13}）	1=否，2=是	1.700	0.210	+
	是否得到盈利返还（x_{14}）	1=否，2=是	1.785	0.169	+
	合作社对违约的处罚力度（x_{15}）	1=很低，2=较低，3=一般，4=较高，5=非常高	3.248	0.922	+
合同特征	有无违约处罚条款（x_{16}）	1=无，2=有	1.775	0.175	+

7.3.2 计量模型选择

农民专业合作社农户在有限理性的假设前提下，当合同价低于市场价时，其根据履行合同获得的收益、产生的机会成本、违约产生的进入市场交易风险与信誉损失等因素进行综合考虑做出确保自身收益最大化的决策。由于社员异质性的影响，做出是否履行合同的决策受到社员个体特征、家庭特征、农产品特征、社会经济环境特征与合作社特征等因素的影响。为了明确影响社员是否履行合同决策的具体因素，将社员履约行为及待验证的因素设定为如下函数形式：

合作社农户是否履约：

$Y=F$（农户个体特征，家庭特征，农产品特征，社会经济环境特征，合作社特征，合同特征，其他因素）＋随机扰动项

由于被解释变量属于离散型变量，为二分类变量（0＝不履行合同，1＝履行合同），故本书选择二元 Logistic 模型，选取 16 个自变量，构建回归方程，分析影响社员履约行为的影响因素。

$$P_i=F(\alpha+\beta X_i)=\frac{1}{1+e^{-(\alpha+\beta X_i)}} \tag{7.1}$$

根据（7.1）式得到：

$$\ln\left(\frac{P_i}{1-P_i}\right)=\alpha+\beta X_i \tag{7.2}$$

模型具体建构如下：

$$\text{logit}(P_i)=\ln\left(\frac{P_i}{1-P_i}\right)=\alpha_0+\beta_1 x_1+\beta_2 x_2+\cdots+\beta_n x_n+\sigma \tag{7.3}$$

其中 P_i 表示社员与合作社签订合同的概率；α_0 为常数项，β_1，β_2，…，β_n 为待估计参数，即自变量的回归系数；x_1，x_2，…，x_n 为解释变量，具体含义见表 7-2，σ 为模型的残差。

7.4 社员履约行为影响因素的计量分析

本书运用 SPSS19.0 统计软件，基于二元 Logistic 模型，采用进入法对样本数据进行回归处理，结果显示 Hosmer and Lemeshow Test 的 sig 值为 0.319，大于 0.05，此外 Nagelkerke R^2 为 0.612，表明模型总体上适配良好，具体见表 7-3。农民专业合作社社员履约行为影响因素的具体分析如下：

7.4.1 个体特征方面的影响

个体特征方面，只有文化程度在所有模型中通过了显著性检验，在1%显著性水平下显著，且回归系数为正，与研究假设一致；表明文化程度越高的社员，其履约的可能性越大，这可能是因为社员与合作社之间的重复博弈，“声誉机制”对社员有较高的约束作用；较高文化程度的社员，素质相对较高，分析问题的眼光更长远，能够意识到违约会让其声誉受损，甚至在农村这个“没有陌生人的社会”里遭到排挤与被边缘化，以致增加违约后的农产品交易成本，因而文化程度较高的农户在违约行为选择上选择较为慎重，其履约的概率较大。年龄、性别在模型中均没有通过显著性检验，表明两个变量对社员的履约行为影响不显著，这与研究假设不一致。

7.4.2 家庭特征方面的影响

家庭特征方面，家庭劳动力人数在模型中通过了显著性检验，在10%显著性水平下显著，且回归系数皆为负，表明社员的家庭人数越多，社员违约的可能性更高，这与研究假设一致；这可能是因为家庭劳动力人数越多，社会关系资源较为丰富，独自处理销售的能力较好，其违约的倾向较强，可能性较大。入社农产品占家庭收入比重在模型中通过显著性检验，在1%显著性水平下显著，且回归系数为负，表明入社农产品占家庭收入比重越低，社员履约的可能性越大，与研究假设一致，但与 Zylbersztajn 的研究结果存在差异（履约率与生产规模呈正相关）；可能是因为入社农产品占家庭总收入比重越低，其农业生产规模小，农业收入不是家庭收入的主要来源，其违约所获得增加的收益可能低于违约后社员重新寻求交易对象、重新谈判与签订合同，并监督合同履行的成本，因此入社农产品占家庭收入比重较低，农户履约的可能性更高。

7.4.3 农产品特征方面的影响

农产品类型中只有瓜果蔬菜类与养殖类农产品通过了显著性检验，均在10%显著性水平下显著，且回归系数为正，其中瓜果蔬菜的回归系数略大于养殖类农产品，表明相对于从事粮食与林业类产品生产的农户，生产瓜果蔬菜类与养殖类农产品的农户履约的可能性更大，这可能是因为这两类农产品因为不易储存、易变质等特点，需要快速完成销售，而违约后需重新搜寻交易对象，并与之谈判，花费较多的时间，且交易成本过高，易造成农产品的积压，从而带来更大的损失，因此，从事瓜果蔬菜与养殖类农产品生产的农户履约的可能性更大。

农产品投入费用在模型中通过了显著性检验，在5%显著性水平下显著，且回归系数为负，表明农产品投入费用越高，农户违约的可能性更大，这与研究假设一致；可能是因为农产品投入费用越大，农产品生产的成本越高，当市场价格高于合同时，农户选择履约，其收益将面临较大损失，甚至不能弥补其较高的投入，因此其违约的可能性更大。

农产品价格波动程度在模型中通过了显著性检验，在5%显著性水平下显著，且回归系数为正，表明农产品价格波动程度越大，农户履约的可能性更大，与研究假设一致；这可能是因为农产品价格波动程度越高，农户面临着较大的市场不确定性，受自身素质的影响，其独自应对市场不确定性风险的能力有限，希望合作社能帮助其降低市场风险，因此，其履约的可能性较大。

7.4.4 社会经济环境特征方面的影响

村到乡镇的距离与基础设施在模型中均通过了显著性检验，分别在10%与5%显著性水平下显著，但回归系数却相反。村到乡镇的距离的回归系数为正，表明村到乡镇的距离越远，社员履约的可能性就越高，这与研究假设一致；可能是因为距离乡镇越远，远离市场，不能及时了解市场供需信息，产品的运输成本也相对较高，社员更倾向于履行合约，执行合同。基础设施变量的回归系数为负，表明基础设施越好的地区，农户违约的可能性更高，与研究假设一致；这可能是因为基础设施越好的地区，交通较为便利，通讯较为完善，农产品的交易成本较低，违约后能迅速找到新的交易伙伴，在市场价格高于合同价格的情况下，其违约的可能性越大。

7.4.5 农民专业合作社特征方面的影响

政府扶持变量在模型中通过了显著性检验，在1%显著性水平下显著，且回归系数为正，表明享受了政府扶持的合作社，其社员履约的概率越大，这与研究假设一致；可能是因为政府的扶持降低了合作社的交易成本，增加了社员的收益，因此，享受政府扶持的合作社，其社员履约的可能性更高。

入社后农业技术水平变化与合作社是否对农业设施进行投资分别在10%与5%显著性水平下显著，且回归系数均为正，表明入社后农户的农业技术水平得到较大提高，农户履约的可能性越大，与研究假设一致；这可能是因为社员从合作社获得较多农业生产技术，提高了农产品的产量与品质，增强了农产品的市场竞争力，从而增加了农户的收益；违约使社员面临生产技术来源被封锁的风险，以致降低其农业收益，因此其履约的可能性较高。合作社对农业设施进行投资，社员履约的可能性越大，与研究假设一致；可能是因为在合作社增加了专有性资产投资后，改善了农户的农业生产条件，农户如果选择违约，在与合作社的重复博弈中将面临较大的信誉损失，增加了其以后农产品市场交易的成本，因此其履约的可能性更大。

有无盈利返还在模型中通过了显著性检验，在1%显著性水平下显著，且回归系数为正，这表明社员享有盈利返还政策，其履约的积极性较高，与研究假设一致；这可能是因为盈利返还政策增加了社员的收益，但这项政策是基于社员与合作社的交易额，因此有盈利返还政策的合作社，其社员履约的概率较高。

合作社对社员违约的处罚力度在模型中通过5%显著性水平检验，且回归系数为正，表明合作社对社员违约行为的处罚力度越大，社员履行合约的可能性越高，与研究假设一致。这可能是因为较高的处罚力度提高了社员的违约成本，使违约收益低于违约成本，对社员的违约行为形成较大的威胁，从而提高了社员的履约率。从描述统计发现，变量“合作社对社员违约行为的处罚力度”的平均值为3.248，表明合作社对社员违约行为的处罚力度一般，造成这种现象的原因可能是因为对众多社员违约行为的鉴定难度较大，不易监督，导致处罚成本过高，致使合作社对社员的违约行为处罚较轻，甚至难以进行处罚。

7.4.6 合同特征方面的影响

合同条款中有无违约处罚条款在模型中通过了显著性检验，在1%显著性水平下显著，且回归系数为正，这表明合同中的违约处罚条款增加了农户履约的可能性，与研究假设一致；这可能是因为违约处罚条款提高了农户违约的成本，降低了农户违约的收益，增强了对农户违约的“威胁”程度。

表 7-3　模型参数估计结果

特征类型	变量定义	B	S. E.	Wald	Sig.
个体特征	年龄（x_1）	0.160	0.189	0.719	0.396
	性别（x_2）	−0.645	0.472	1.868	0.172
	文化程度（x_3）	1.478***	0.288	26.328	0.000
家庭特征	家庭劳动力个数（x_4）	−0.255*	0.134	3.636	0.057
	入社农产品占家庭总收入比重（x_5）	−0.641***	0.176	13.210	0.000
农产品特征	农产品类型（x_6）			13.232	0.010
	粮食类产品［$x_{6(1)}$］	0.540	0.595	0.822	0.364
	瓜果蔬菜类［$x_{6(2)}$］	1.025*	0.553	3.441	0.064
	养殖类［$x_{6(3)}$］	0.819*	0.491	2.782	0.095
	林产品［$x_{6(4)}$］	0.830	0.519	2.559	0.110
	农产品投入费用（x_7）	−0.412**	0.199	4.296	0.038
	农产品价格波动（x_8）	0.408**	0.184	4.927	0.026
社会经济环境特征	村到乡镇的距离（x_9）	0.110*	0.057	3.744	0.053
	基础设施（x_{10}）	−0.447**	0.191	5.453	0.020
合作社特征	政府扶持（x_{11}）	0.749***	0.218	11.786	0.001
	入社后农业技术水平（x_{12}）	0.458*	0.252	3.296	0.069
	合作社是否投资农业设施（x_{13}）	0.723**	0.330	4.799	0.028
	有无盈利返还（x_{14}）	2.345***	0.396	35.118	0.000
	合作社对违约的处罚力度（x_{15}）	0.410**	0.178	5.279	0.022
合同特征	有无违约处罚条款（x_{16}）	1.598***	0.356	20.165	0.000
常量	Constant	−11.251***	2.180	26.647	0.000
模型适配指标	−2 Log likelihood		281.549		
	Cox & Snell R Square		0.438		
	Nagelkerke R Square		0.612		

注："*"、"**"与"***"表示统计检验分别在10%、5%与1%显著性水平下显著。

7.5　结论与建议

通过构建二元 Logistic 模型，基于江西省农民专业合作社 414 位社员的调研数据，实证分析了合作社农户履约行为的影响因素，结果表明：文化程度、农产品价格波动程度、村到乡镇的距离、政府扶持、入社后农业生产技术水平、合作社是否投资农业设施、有无盈利返还、合作社对社员违约的处罚力度、合同中有无违约处罚条款与农户履约行为正相关；家庭劳动力个数、入社农产品占家庭收入比重、农产品投入费用、基础设施与农户履约行为负相关，而农户的年龄与性别对其履约行为影响不显著；从事瓜果蔬菜与养殖类农产品生产的农户，其履约可能性更高。为提高社员的履约率，稳定合作社内部合作关系，促进农业产业化经营，应当从以下几方面进行努力：

第一，加大对社员的培训力度。研究表明社员文化素质与农业生产技术的提高对其履约有积极的促进作用，因此，合作社应对社员进行培训，一方面，要提高社员的农业生产技术水平，提高农业生产效率，增强其农产品的市场竞争力，增加农户的收益；另一方面，要提高社员的文化素质，增强其合作意识。社员履行合同，有助于发挥合作社的优势，通过共同行动增强市场地位，最大限度降低市场风险，从而增加合作社与社员的收益。

第二，提高政府扶持力度。政府对合作社进行扶持，增强了合作社的市场竞争力，有利于降低其市场交易成本，增加合作社收益，对社员有较大的吸引力，对其履行农产品销售合同有积极的促进作用，因此，相关政府部门应从财政、税收、金融等方面加大对合作社的扶持力度，解决合作社发展中的难题。

第三，开拓非农就业渠道，增加社员的非农收入。研究表明：农产品收入占家庭收入的比重与履约行为负相关，即农产品收入占家庭收入的比重越小，农户履约的可能性越大。农业生产具有明显的季节性，在农闲时引导社员从事非农产业，一方面既提高了社员的兼业化水平，另一方面又提高了农村剩余劳动力资源的利用率，增加了社员的收入，有助于社员履行合同。

第四，继续改善农业生产设施。研究表明，便利的农业生产条件对农户的履约行为有正向的影响；合作社对农业生产设施进行投入，使农业生产条件更加便利，同时也提高了合作社的专用性资产投入，在声誉机制的约束下，社员在与合作社的重复博弈过程中，其履约的可能性更高。农业生产设施的改善，增强了农业应对自然灾害的能力，给农业生产提供了有力的保障，有助于农业生产效率的提高与农民收入的增加。

第五，完善盈利返还政策。社员与合作社交易后，盈利返还政策有助于增加其收益，对社员有较大的吸引力，其履约的可能性更大。合作社应制定合理的盈利返还政策，让社员参与合作社的二次分配，使社员共享合作社发展成果，从而增加社员的收益，对于提高社员的履约率有积极的作用。

第六，规范农产品销售合同条款。完善的合同条款将明确合同双方的权利与义务，对双方的履约行为有较高的约束力，有助于促进合同的履行。一方面，社员作为理性经济人，以追求自身收益最大化为目标，合同中的违约处罚条款必将加大社员的违约成本，对社员的违约行为有较大的“威胁”作用，从而有效防止社员违约，提高合同的履约率；另一方面，合同中的违约处罚条款能有效解决缔约双方的经济纠纷，保障双方的合法权利，降低违约的损失。

8 农民专业合作社品牌创建行为

随着我国社会经济的发展，人民生活水平的提高，消费观念也处在不断地发展变化之中，消费者对于食品安全问题越来越重视，品牌消费意识得到逐步增强；品牌体现的是其所承载的产品的质量、服务与经营管理的水平，而质量是农产品牌存在与发展的基础，农产品品牌促进了进入消费环节的农产品的可追溯机制的形成，使消费者放心消费品牌农产品。对于消费者，农产品品牌有助于其区分与辨识不同生产者提供的同类农产品，进而做出消费决策，较好的消费体验有利于培养消费者的品牌忠诚度；对于农民专业合作社，品牌的创建可促进农产品生产标准的统一，从而生产符合市场需求的高质量农产品，培育农产品的美誉度，进而增强合作社的市场竞争力，提高其农产品的市场占有率；对于合作社社员而言，品牌的创建有助于其农业收入的增加；农业因其投入大、回收期长、受自然灾害与市场风险的影响较大而被称为弱质性产业，在农产品市场供给过剩，买方市场已形成的今天创建农产品品牌对于提高农产品的附加值，增强农产品的市场竞争力，进而实现农业增效、农民增收具有非常重要的作用。

农民专业合作社作为新型农业经营主体，其品牌的创立与企业等市场主体具有较大的差异。农民专业合作社多为政府推动型、龙头企业主导型、能人带动型等模式，合作社理事长在日常的经营活动中扮演了重要的角色，甚至在农产品品牌的创建中占据主导作用，其品牌意识制约着合作社农产品品牌的建设行为，理事长良好的企业家才能可推动合作社农产品品牌的建立。基于合作社理事长视角对农民专业合作社农产品品牌的建设行为进行研究可明确制约理事长进行品牌建设行为的影响因素，进而为合作社品牌的创建提供对策，促进我国农业产业化的发展，最终实现农业现代化。①

8.1 研究假设

根据已有研究成果，本书将影响农民专业合作社理事长进行合作社品牌创

① 此章大部分内容发表于《广东农业科学》2014 年第 21 期。

建的因素分为以下四类，并提出相应的研究假设：

(1) 理事长的个体特征。理事长个体特征主要用年龄、性别、文化程度与是否有经济管理类专业背景这四个指标来代表。一般而言，年龄越大的理事长，不但对品牌缺乏认识与了解，而且目光短浅，看不到品牌带来的长期收益，因此对品牌创建的意愿更低；相对于女性理事长，男性理事长更可能进行品牌建设；文化程度越高的理事长，其对新事物和新知识的接受与理解能力更强，对农产品品牌的重要性有较好的认识，因而更愿意创建农产品品牌；具有经济管理类专业背景的理事长，其经济管理类知识丰富，具备良好的合作社经营管理能力，其带动合作社创建品牌的可能性更高。

(2) 理事长的家庭特征。家庭特征包括家庭人口数、家庭人均纯收入、农业收入占比、通过合作社销售农产品比例、入社金额等变量。理事长家庭人口数越多，家庭生活开销大，生活压力可能较大，在支出方面较为谨慎与节俭，对合作社品牌进行投入的可能性较低。理事长家庭人均纯收入越高，生活水平较高，负担得起农产品品牌创建所需的费用，带动合作社创建品牌的可能性更大；理事长农业收入占家庭收入比重越高，农业生产规模越大，农业收入在其家庭收入中占据重要地位，对农产品品牌进行建设，其获得的收益相对于规模较小的社员要高，因此创建合作社品牌的可能性更大；由于合作社的盈余返还参照社员与合作社的交易量与入社的出资金额，因此，通过合作社销售农产品的比例越大、入社金额越多，获得的收益也更多，在预期品牌创建将带来丰厚的收益后，理事长带动合作社创建品牌的可能性越大。

(3) 农民专业合作社特征。农民专业合作社特征用农产品类型与合作社成立年限来表示。农产品类型分为粮食作物、瓜果蔬菜类作物、养殖类产品与林业产品，不同类型的农产品因其生长周期、加工与储存技术的不同，市场需求与市场竞争存在较大差异，因此，不同类型的农产品对品牌建设的影响存在差异；一般而言，合作社成立的年限越短，其规模较小、经济实力较弱，无力进行农产品品牌创建，而成立年限越长的合作社，已经拥有稳定的客户群与营销渠道，经济实力较为雄厚，但面对激烈竞争的农产品市场，必须进行品牌建设，以增强农产品的竞争力，提高市场占有率，因此，成立年限越长的合作社，其创建品牌可能性越高。

(4) 社会经济环境特征。社会经济环境特征包括销售市场区域、农产品价格波动程度、银行借贷难易程度、政府扶持等。相对于本县内的消费者，本县区域以外的消费者对合作社的农产品缺乏了解，难以将合作社的农产品与其他同类农产品进行区分，合作社品牌的创建有助于在农产品与消费者之间建立良好的联系，使农产品获得消费者的信任，从而带动农产品的销售；农产品价格波动程度越大，使社员面临较高的市场与价格风险，农产品品牌的创建有利于农产品价格的稳定，从而获得较高的收益，因而理事长带动合作社创建品牌的可能性更大；银行资金借贷越容易以及政府对合作社进行扶持，合作社能及时获取品牌建设所需的资金，理事长带动合作社创建品牌的可能性更高。

8.2 数据来源与样本描述

8.2.1 数据来源

为了获取农民专业合作社农产品品牌创建行为的原始真实数据，课题组于2013年6月深入到江西各地区，选择具有代表性的农民专业合作社，对合作社理事长进行座谈与问卷调查，了解合作社品牌创建的情况，主要调查合作社理事长的个体特征、家庭特征、社会经济环境特征以及农民专业合作社特征等。此次调研区域分布在江西省的5个地区共11个县市，分别为南昌、赣州、宜春、抚州与吉安，从样本的地域分布来看，样本具有较好的代表性。此次调研针对合作社理事长发放250份问卷，剔除缺失关键数据的无效问卷，共收回202份有效问卷，问卷有效率80.8%。

8.2.2 样本描述

从表8-1可看出，农民专业合作社94.6%的理事长为男性，理事长年龄在31～40岁之间的占比35.1%，41～50岁之间的占比47%，表明合作社理事长主要以中青年为主，这些理事长文化程度较高，懂经营管理，拥有一技之长，具备带动农民致富的能力；合作社理事长的文化程度较高，59.9%的理事长文化程度为高中（中专）及以上文化程度，但具有经管专业类背景的理事长较少，只有18.3%；理事长家庭人均纯收入较高，59.9%的家庭人均收入在6 500元以上；49%的理事长农业收入占家庭收入比重在51%以下，农业收入占比51%以上的人数占比51%；48%的理事长通过合作社销售80%以上的农产品；理事长入社金额在10万元及以下的占比30.7%，而入社金额在60万元以上的占比23.8%；理事长家庭人口数主要集中在4～6人之间，占比73.8%。

表 8-1　样本基本特征

特征	取值	频数	频率	特征	取值	频数	频率
性别	男	191	94.6	家庭人均收入（元）	5000 元及以下	35	17.3
	女	11	5.4		5001～6500 元	46	22.8
年龄	30 岁以下	0	0		6500 元以上	121	59.9
	31～40 岁	71	35.1	农业收入占比	20%及以下	34	16.8
	41～50 岁	95	47.0		21%～50%	65	32.2
	51～60 岁	30	14.9		51%及以上	103	51.0
	60 岁以上	6	3.0	销售比例	20%及以下	6	3.0
经管类专业	0	165	81.7		21%～40%	17	8.4
	1	37	18.3		40%～60%	47	23.3
家庭人口数	1	0	0		60%～80%	35	17.3
	2	3	1.5		80%以上	97	48.0
	3	14	6.9	入社金额（万元）	≤10	62	30.7
	4	55	27.2		(10，20]	36	17.8
	5	46	22.8		(20，30]	17	8.4
	6	48	23.8		(30，40]	10	5.0
	7	18	8.9		(40，50]	23	11.4
	8	3	1.5		(50，60]	6	3.0
	9	7	3.5		(60，+∞)	48	23.8
	10	4	2.0	文化程度	小学及以下	12	5.9
	11	2	1.0		初中	69	34.2
	12	2	1.0		高中（中专）及以上	121	59.9

8.3　变量设置与计量模型选择

8.3.1　变量设置

本书将因变量设为合作社品牌创建行为，为二分类变量，没有创建品牌则赋值为 0，创建了品牌则赋值为 1；借鉴已有研究，本书将影响合作社理事长农产品品牌创建行为的特征分为四类，分别为个体特征、家庭特征、合作社特征与社会经济环境特征，具体自变量定义与赋值见表 8-2。

表 8-2　变量定义与赋值

变量特征	变量及代码	变量赋值	Mean	SD	预期方向
因变量	品牌建设行为（Y）	0=没有创建品牌，1=创建了品牌	0.45	0.49	
个体特征	年龄（x_1）	1=30 岁以下，2=31～40 岁，3=41～50 岁，4=51～60 岁，5=60 岁以上	2.86	0.60	－
	性别（x_2）	1=男，2=女	1.05	0.05	－
	文化程度（x_3）	1=小学及以下，2=初中，3=高中（中专）及以上	2.54	0.37	＋
	经济管理类专业（x_4）	0=其他，1=经济管理类专业	0.18	0.15	＋
家庭特征	家庭人口数（x_5）	实际数值（连续变量）	5.37	3.18	－
	家庭人均纯收入（x_6）	1=5 000 元及以下，2=5 001～6 500 元，3=6 500 元及以上	2.43	0.59	＋
	农业收入占比（x_7）	1=20%及以下，2=21%～50%，3=51%及以上	2.34	0.58	＋
	销售农产品比例（x_8）	1=20%及以下，2=21%～40%，3=40%～60%，4=60%～80%，5=80%以上	3.99	1.32	＋
	入社金额（x_9）	1=≤10 万元，2=（10，20］万元，3=（20，30］万元，3=（30，40］万元，4=（40，50］万元，5=（50，60］万元，6=（60，+∞）万元	3.52	5.73	＋
合作社特征	农产品类型（x_{10}）	1=粮食作物类，2=瓜果蔬菜类，3=养殖产品类，4=林业产品类，5=其他	2.63	1.37	?
	合作社成立年限（x_{11}）	实际数值（连续变量）	4.71	1.10	＋
社会经济环境特征	销售市场区域（x_{12}）	1=本县区域内，2=本县以外的区域	1.96	0.10	＋
	农产品价格波动（x_{13}）	1=很低，2=较低，3=一般，4=较高，5=非常高	3.28	0.86	＋
	银行借贷（x_{14}）	1=非常难，2=较难，3=一般，4=较容易，5=非常容易	2.49	0.77	＋
	政府扶持（x_{15}）	1=否，2=不清楚，3=是	2.55	0.49	＋

8.3.2　计量模型选择

已经创建了农产品品牌的合作社有 91 家，占样本总体比重的 45%，而没有创建农产品品牌的合作社为 111 家，占样本总比 55%。由于因变量——合作社农产品品牌建设行为是二分类变量，没有创建品牌为 0，创建了品牌则为

1，因此本书选择二元 Logistic 模型对影响理事长进行合作社农产品品牌建设行为的影响因素进行回归分析，模型具体表达式为：

$$\text{logit}(P_i) = \ln\left(\frac{P_i}{1-P_i}\right) = \beta_0 + \alpha_1 x_1 + \alpha_2 x_2 + \cdots + \alpha_n x_n + \sigma \quad (1)$$

其中 P_i 表示理事长对农民专业合作社农产品品牌进行建设的概率；β_0 为常数项，α_1，α_2，…，α_n 为待估计参数，即自变量的回归系数；x_1，x_2，…，x_n 为解释变量，具体含义见表 8-2，σ 为模型的残差。

8.4 农民专业合作社品牌建设行为的影响因素分析

本书运用 SPSS19.0 对 202 个样本数据进行 Logistic 模型处理，首先采用进入法将所有变量纳入到回归方程中，再根据检验结果（见结果模型一）将 Wald 值最小的变量逐一删除后再对方程进行重新拟合，直到方程中所有的变量全部显著为止（结果见模型二），结果显示：模型一与模型二的 Cox & Snell R Square 值分别为 0.583 与 0.582，Nagelkerke R^2 分别为 0.780 与 0.779，且两个模型的 Hosmer and Lemeshow Test 的 sig 值均大于 0.05，表明模型的拟合结果优良，具体结果见表 8-3，结果解释如下：

8.4.1 理事长的个体特征对专业合作社品牌建设的影响

年龄在模型一与模型二中均在 10%显著性水平下显著，其回归系数为负，表明理事长的年龄越大，其带领合作社创建农产品品牌的可能性越低，与研究假设一致，这是因为理事长年龄越大，思想较为保守，对新事物的接受能力较差，对于创建品牌所带来的风险趋向于采取规避的态度，因此，其带动合作社创建品牌的可能性较低。性别在两个模型中均没有通过显著性检验，这与研究假设不一致，表明性别不是影响理事长创建合作社品牌的主要因素。文化程度在模型一与模型二中均在 1%显著性水平下显著，且回归系数为正，表明文化程度越高的理事长带领合作社创建品牌的可能性越大，与研究假设一致，这是因为理事长文化程度越高，其对农产品品牌的重要作用有较好的认识，因此创建品牌的积极性较高。经济管理类专业在两个模型中均在 1%显著性水平下显著，且回归系数为正，表明具有经济管理类专业背景的理事长，其经营管理能力较高，具备良好的品牌意识，在激烈的市场竞争中带领合作社创建农产品品牌的可能性更高。

8.4.2 理事长的家庭特征对专业合作社品牌建设的影响

家庭人口数量在两个模型中均没有通过显著性检验，表明在其他条件不变的情况下，家庭人口数量不是理事长带动合作社创建品牌的主要因素，与研究假设不符。家庭人均纯收入在模型一与模型二中均通过了显著性检验，且在5%显著性水平下显著，回归系数为正，表明家庭人均纯收入越高，理事长带动创建合作社品牌的可能性越大，积极性更高，与研究假设相符，这是因为理事长家庭人均纯收入越高，在经济上有能力支付合作社品牌创建所需的投入。农业收入占比在两个模型中均在1%显著性水平显著，且回归系数为正，表明农业收入占家庭总收入的比重越高，理事长带动合作社创建品牌的可能越大，这与研究假设一致，可能是因为农业收入占比越高，农业收入为家庭收入的重要来源，家庭收入对农业收入的依赖性较大，如果合作社创建农产品牌，理事长家庭的农业收入将从品牌的建设中获得较大的收益，其带动合作社创建品牌的可能性越大。销售比例在两个模型中均在5%显著性水平下显著，而入社金额在模型一中在5%显著性水平下显著，在模型二中在10%显著性水平下显著，两个变量的回归系数皆为正，表明理事长通过合作社渠道销售农产品的比例与入社金额越高，其带动合作社创建品牌的可能性越大，积极性越高，与研究假设一致，可能是因为理事长预期品牌的创建使合作社自身发展能力增强，合作社收益增加，而合作社的盈余主要根据社员与合作社的交易量和入社金额进行返还，因此，为了在合作社的二次分配中获得更多收益，农产品销售比例越大与入社金额越大的理事长带动创建农产品品牌的可能性越大。

8.4.3 农民专业合作社特征对合作社农产品品牌建设的影响

从表8-3可看出，粮食作物在两个模型中在5%显著性水平下显著，而养殖类产品在模型一与模型二中皆在10%显著性水平下显著，两个变量的回归系数皆为正，而林业产品与瓜果蔬菜类产品没有通过显著性检验，表明相对于其他农产品，从事粮食与养殖类农产品生产的合作社创建品牌的可能性更大，这可能是因为在我国自产粮食“十连增”与进口粮食不断增加的背景下，粮食市场的竞争较为激烈，为了获取竞争优势，合作社倾向于创建农产品牌；养殖类农产品由于不易储存、难以保鲜、易变质，其品牌的建立有助于加快销售，使养殖类产品快速推向市场，因此，从事养殖类产品生产的合作社创建品牌的意愿更高。合作社成立年限在模型一与模型二中均通过了显著性检验，且在

1%显著性水平下显著，回归系数为正，表明合作社成立时间越长，合作社创立品牌的可能性更大，这与研究假设一致，可能是因为合作社成立的时间越长，经过多年的发展，其生产规模较大，经济实力较强，有能力进行农产品品牌建设，为增强农产品的竞争力，该合作社创建品牌的意愿较为强烈。

8.4.4 社会经济环境特征对专业合作社品牌创建的影响

销售市场区域在模型一与模型二中均在5%显著性水平下显著，且回归系数为正，表明农产品销售区域远离本县，合作社创建品牌的可能性越大，与研究假设相符，这可能是因为农产品销售区域越远，消费者对合作社的农产品缺乏了解，合作社品牌的创立有助于向消费者传达农产品的信息，帮助消费者做出决策，使合作社农产品与消费者建立良好的关系，增强农产品的市场竞争力，并扩大其市场占有率，因此，合作社销售区域越远，其创建品牌的可能性越高。农产品价格波动在两个模型中均在1%显著性水平下显著，且回归系数为正，表明农产品价格波动越大，合作社对农产品品牌建设的可能性越高，与研究假设一致，这可能是因为农产品价格波动越大，合作社的农产品面临较高的市场风险，甚至可能因为供给关系的变动而遭受损失，而品牌的创立有助于增加农产品的附加值，稳定农产品的销售价格，使合作社获得稳定的收益，因此，农产品价格波动越大，合作社创建品牌的可能性就越大。银行借贷在两个模型中均通过了显著性检验，在5%显著性水平下显著，且回归系数为正，表明合作社越容易获得银行借贷资金，其创建品牌的概率越高，与研究假设一致，这可能是因为银行借贷资金越容易获取，合作社能及时获取品牌建设所需的资金。政府扶持在模型一与模型二中均在10%显著性水平下显著，且回归系数为正，表明政府对合作社进行扶持，合作社创建农产品品牌的可能性越高，这可能是因为政府的扶持降低了合作社农产品品牌建设的成本，增加了合作社的收益，因此，合作社对农产品品牌进行建设的概率越大。

表8-3 农民专业合作社农产品建设行为影响因素的逐步回归结果

模型		模型一			模型二		
特征	变量及代码	B	Wald	Sig.	B	Wald	Sig.
个体特征	年龄（x_1）	−0.810*	3.706	0.054	−0.794*	3.671	0.055
	性别（x_2）	−0.874	0.486	0.486	—	—	—
	文化程度（x_3）	1.597***	9.392	0.002	1.556***	9.157	0.002
	经济管理类专业（x_4）	2.924***	10.294	0.001	2.811***	10.129	0.001

（续）

模型		模型一			模型二		
特征	变量及代码	B	Wald	Sig.	B	Wald	Sig.
家庭特征	家庭人口数（x_5）	0.073	0.164	0.686	—	—	—
	家庭人均纯收入（x_6）	0.924**	4.183	0.041	0.877**	4.030	0.045
	农业收入占比（x_7）	1.231***	7.015	0.008	1.213***	6.934	0.008
	销售比例（x_8）	0.608**	4.763	0.029	0.585**	4.691	0.030
	入社金额（x_9）	0.242**	3.999	0.046	0.231*	3.807	0.051
合作社特征	农产品类型（x_{10}）（以 $x_{10}=5$ 为参照）	—	10.095	0.039	—	9.887	0.042
	粮食作物（$x_{10(1)}$）	2.396**	4.837	0.028	2.345**	4.934	0.026
	瓜果蔬菜（$x_{10(2)}$）	1.497	2.354	0.125	1.522	2.599	0.107
	养殖类产品（$x_{10(3)}$）	1.602*	3.020	0.082	1.584*	3.005	0.083
	林业产品（$x_{10(4)}$）	0.629	0.317	0.574	0.558	0.265	0.607
	合作社成立年限（x_{11}）	0.870***	6.809	0.009	0.867***	7.127	0.008
社会经济环境特征	销售市场区域（x_{12}）	2.757**	5.531	0.019	2.704**	5.663	0.017
	农产品价格波动（x_{13}）	0.939***	6.742	0.009	0.920***	6.643	0.010
	银行借贷（x_{14}）	0.802**	5.262	0.022	0.785**	5.058	0.025
	政府扶持（x_{15}）	0.742*	3.079	0.079	0.731*	2.955	0.086
	常数	−25.953***	25.215	0.000	−25.852***	27.576	0.000
模型适配指标	−2 Log likelihood	101.187			101.734		
	Cox & Snell R Square	0.583			0.582		
	Nagelkerke R Square	0.780			0.779		

8.5 结论与建议

8.5.1 结论

本书利用二元 Logistic 模型，从个体特征、家庭特征、合作社特征与社会经济文化环境特征四个方面，基于农民专业合作社理事长视角，对影响合作社品牌创建的因素进行实证分析，研究结果表明：文化程度、是否有经管类专业背景、家庭人均纯收入、农业收入占比、销售比例、入社金额、合作社成立年限、销售市场区域、农产品价格波动、银行借贷与政府扶持对农民专业合作社品牌创建行为有正向影响，而年龄对合作社品牌创建行为的影响为负；理事长的性别与家庭人口数对合作社品牌创建行为的影响不显著；从事粮食类作物与养殖类农产品生产的合作社更倾向于创建农产品品牌。

8.5.2 政策建议

一是加大对合作社理事长的培训力度。理事长在合作社的日常经营管理决策中处于主导地位，其个人资源禀赋对合作社经营管理决策的制定有重要的影响，甚至影响到合作社能否健康发展；研究表明：合作社理事长文化程度越高，具备经管类专业背景，其参与带动合作社品牌创建的可能性越大；因此，相关政府部门应加强对合作社理事长的培训，使其具备现代化的经营管理理念，提高其经营管理水平，加强农产品品牌创建，增强合作社的市场竞争力，从而带动农户致富。

二是完善我国农村金融体系。研究表明：银行资金借贷的难易程度对合作社农产品品牌创建行为有显著的正向影响，银行资金越容易获取，合作社对农产品品牌建设的可能性更高，因此，相关政府部门应推动金融机构适应我国农业现代化发展的需要而创新金融产品，解决合作社抵押物不足的问题，大力发展小额信贷，引导金融机构支持农民专业合作社的发展。

三是加大对农民专业合作社的扶持力度。政府对农民专业合作社的扶持不仅可以增强合作社的实力，降低合作社的交易成本，而且还具有引导合作社发展的作用；研究表明：政府扶持对合作社农产品品牌的建设行为具有正向作用，因此，相关政府部门应出台扶持措施鼓励合作社创建农产品品牌，增强区域内农业的竞争力，从而推动农业产业化的发展。

9 农民专业合作社社员服务需求优先序

农民专业合作社作为我国新型农业经营主体之一，提高了农民的组织化程度，通过集体行动来实现提高农户市场谈判地位、降低市场风险与节约交易费用等功能，一定程度上克服了分散小农经济的弊端，缓解了“小生产”与“大市场”之间的矛盾，在农业生产产前、产中与产后各环节向社员提供技术咨询、技术培训与统一销售农产品等服务，带动了社员增收致富。近年来，我国农民专业合作社发展迅速，有力地保障了我国农业生产的稳定与粮食安全，提高了我国农产品的国际竞争力。虽然我国农民专业合作社数量快速增长，但合作社为农户与自身创造收益的能力不高，发展潜力较差，社会影响力有待提高，究其原因，主要为合作社服务农户的能力不强，满足社员需求的能力较差。农户是农民专业合作社的主体，是农业生产的主要经营者，合作社的健康发展应以尊重合作社社员的意愿为前提，满足社员的需求为根本，对农民专业合作社社员服务需求优先序及影响因素进行分析有助于提高合作社服务的针对性与效率，对于增加社员收入具有重要的意义。

农民专业合作社的发展以满足农户的需求为根本目的，同时农户既是合作社的主体，又是生产经营活动的主要实施者，对农民专业合作社社员的服务需求优先序及影响因素进行研究，以期能为农民专业合作社的发展提供具体的指导意见，满足合作社社员的需求，提高合作社社员收益与自身收益，促进农民专业合作社的良好发展。①

9.1 数据来源与样本描述

9.1.1 数据来源

课题组于 2013 年 6 月深入到江西各地区农村，通过随机抽样的方式，对农民专业合作社社员进行问卷调查。主要调查农户所在的区域特征、个体特征、家庭特征、农产品与技术环境特征、社会经济文化环境特征以及合作社社

---

① 此章大部分内容发表于《湖南农业大学学报》（社科版）2014 年第 5 期。

员对服务需求的特征等。调查区域涉及江西的 5 个地区，分别为，南昌、赣州、宜春、抚州与吉安，共有 11 个县市，具有较好的代表性。此次调研发放 578 份问卷，剔除缺失关键数据的无效问卷，共收回有效问卷 487 份，问卷有效率 84.3%。

9.1.2 样本描述

从表 9-1 可以看出江西省农民专业合作社社员的基本特征，31～40 岁的农户占比 30%，61%的农户年龄分布在 41～60 岁之间，这表明我国农村劳动力以中老年为主，这与我国城镇化背景下农村劳动力向外转移的现状相符；合作社 90.3%的社员为男性；46.6%的合作社社员为初中文化程度，47.2%的农户文化程度为高中（中专）及以上，表明目前我国农民专业合作社社员的受教育水平比较高；家庭人均年纯收入为 6500 元以上的农户占比 54.4%，反映已加入合作社社员的收入水平比较高；家庭劳动力为 2、3、4 人的农户比例分别为 30%、23%、32.2%；合作社的主要农产品类型依次为养殖类、瓜果蔬菜类与粮食作物类，比例分别为 34%、27%、24%，分布较为平均。

表 9-1　农民专业合作社样本农户特征

变量	变量值	频数	频率（%）
样本户年龄	30 岁以下	32	6.6
	31～40 岁	146	30
	41～50 岁	219	45
	51～60 岁	78	16
	60 岁以上	12	2.5
样本性别	男	440	90.3
	女	47	9.7
样本受教育水平	小学及以下	30	6.2
	初中	227	46.6
	高中（中专）及以上	230	47.2
家庭人均纯收入	5000 元以下	74	15.2
	5001～6500 元	148	30.4
	6500 元以上	265	54.4

（续）

变量	变量值	频数	频率（%）
家庭劳动力个数	0	1	0.2
	1	12	2.5
	2	146	30
	3	112	23
	4	157	32.2
	5	34	7
	6	14	2.9
	7	9	1.8
	8	2	0.4
所生产的农产品类型	粮食作物	116	0.24
	瓜果蔬菜类	132	0.27
	养殖类产品	166	0.34
	林业产品	48	0.1
	其他	25	0.05

9.2 农民专业合作社社员服务需求优先序分析

本书将合作社社员需求的服务分为六类，分别为：提供农产品销售、提供技术与种苗等生产资料、提供市场供需信息、提供资金帮助、提高农产品价格与市场地位。从表 9-2 可知，在第一位的服务需求上出现次数最多的为“提供销售农产品”服务，为 188 次；第二位上出现次数最多的为“提供技术与种苗等生产资料”，为 166 次；第三位与第四位上出现次数最多的皆为“提供市场供需信息”，分别为 158 次与 114 次；第五位上出现次数最多的为“提高农产品价格与市场地位”，出现了 171 次，表明服务需求差异明显。

为了提高合作社社员服务需求排序的科学性，本书将借鉴研究农村公共品供给优先序的方法，即将第一位记为 1 分，第二位为 2 分，并以此类推，用各服务需求位数上出现的频数乘以其相应的分值，并加总，总分值越小，排序越靠前，以此求出合作社社员服务需求的优先序。排序结果为：排第一位的为“提供销售农产品”服务，第二位的为“提供技术与种苗等生产资料”服务，第三位为“提供资金帮助”服务，第四位为“提供市场供需信息”服务，第五位为“提高农产品价格与市场地位”服务。

表 9-2 农民专业合作社社员服务需求优先序

代码	农户需求	第一位	第二位	第三位	第四位	第五位	总分	排序
1	提供农产品销售	188	99	79	54	47	1074	1
2	提供技术与种苗等生产资料	83	166	82	62	63	1224	2
3	提供市场供需信息	49	59	158	114	79	1492	4
4	提供资金帮助	129	102	67	113	56	1266	3
5	提高农产品价格与市场地位	29	50	80	103	171	1636	5

因此，合作社社员对合作社提供服务需求的优先序依次为："提供销售农产品"、"提供技术与种苗等生产资料"、"提供资金帮助"、"提供市场与供需信息"、"提高农产品价格与市场地位"的服务。由此可见，当前合作社社员面临农产品"卖难"的问题，农产品销售渠道不通畅，急需合作社提供农产品销售服务；我国农业科技推广体系的绩效较差，农业科技转化为生产力的比重较低，社员在农业生产过程中主要依靠自身的经验，因此，社员对"提供技术与种苗等生产资料"的服务需求强烈。在农业生产过程中，农户生产性经营支出比较大，资金周转经常出现问题，因此，合作社社员对"提供资金帮助"的服务需求也比较迫切；由于农户自身文化程度不高，对市场供需状况缺乏了解，且农产品价格经常波动，使社员农业收入遭受损失，因此社员对"提供市场与供需信息"的服务需求也较高，以便根据市场供求变化安排农业生产；但令人比较意外的是，"提高农产品价格与市场地位"的服务需求排在第五位，即倒数第一位；一般认为不同年份农产品供需状况是变动的，以致农产品价格波动幅度较大，对农户的收入造成较大影响，农户应对合作社"提高农产品价格与市场地位"的服务需求比较强烈，但这一预期没有得到验证，表明农民专业合作社提高了农户的组织化程度，通过集体行动增强了农户的市场地位，农户在这方面的需求得到一定程度的满足。

9.3 农民专业合作社社员服务需求影响因素分析

9.3.1 变量设置

本书从农户所处的区域特征、个体特征、家庭特征、农产品与技术环境特征、社会经济文化环境特征这五方面，拟选取对合作社农户服务需求有影响的17个变量，通过构建模型对其进行分析，明确对农民专业合作社社员服务需求有影响的具体变量。具体解释变量的定义与取值见表9-3。

表 9-3 解释变量名称与取值

	特征	变量名称	变量取值	均值	方差
被解释变量		社员服务需求（y）	1=提供农产品销售，2=提供技术与种苗等生产资料，3=提供市场与供需信息，4=提供资金帮助，5=提高农产品价格与市场地位	2.43	1.39
解释变量	所在村的区域特征	村到乡镇的距离（千米）（x_1）	1=[1，4]，2=（4，8]，3=（8，12]，4=（12，16]，5=（16，+∞]	1.62	0.9
	个体特征	年龄（x_2）	1=30岁以下，2=31～42岁，3=41～50岁，4=51～60岁，5=60岁以上	2.78	0.77
		性别（x_3）	1=男，2=女	1.1	0.09
		文化程度（x_4）	1=小学及以下，2=初中，3=高中（中专）及以上	2.41	0.37
	家庭特征	家庭劳动力个数（x_5）	实际数值	3.29	1.6
		人均年纯收入（x_6）	1=5000元及以下，2=5001～6500元，3=6500元以上	2.39	0.54
		农业收入占总收入比（x_7）	1=20%以下，2=21%～50%，3=51%及以上	2.36	0.48
		生产经营规模（x_8）	1=非常小，2=较小，3=一般，4=较大，5=非常大	3.18	0.62
	农产品与技术环境特征	农产品类型（x_9）	1=粮食作物类，2=瓜果蔬菜类，3=养殖产品类，4=林业产品类，5=其他	2.72	1.73
		农产品技术含量（x_{10}）	1=很低，2=较低，3=一般，4=较高，5=非常高	3.39	0.5
		农产品投入费用（x_{11}）	1=很低，2=较低，3=一般，4=较高，5=非常高	3.62	0.42
		市场所在地（x_{12}）	1=本乡镇，2=本乡镇以外的市场	1.87	0.2
		产品价格波动程度（x_{13}）	1=很低，2=较低，3=一般，4=较高，5=非常高	3.4	0.76
		农技人员技术指导（x_{14}）	1=很少，2=较少，3=一般，4=较多，5=很多	2.85	1.06
	社会经济文化环境特征	基础设施（x_{15}）	1=很差，2=较差，3=一般，4较好，5=很好	3.52	0.88
		农户兼业化程度（x_{16}）	1=很低，2=较低，3=一般，4=较高，5=非常高	3.14	0.67
		资金获取难易程度（x_{17}）	1=非常难，2=较难，3=一般，4=较容易，5=非常容易	2.44	0.72

9.3.2 计量模型选择

由于被解释变量属于离散型分类变量，故选择多元 Logistic 模型对社员服务需求影响因素进行回归分析，本书选择最后类别作为参考类别（$y=5$），相应由以下四个 Logit 模型：

$$\text{logit}\left(\frac{P_1}{P_5}\right)=\alpha_1+\sum_{K=1}^{K}\beta_{1k}X_k+\sigma_1$$

$$\text{logit}\left(\frac{P_2}{P_5}\right)=\alpha_2+\sum_{K=1}^{K}\beta_{2k}X_k+\sigma_2$$

$$\text{logit}\left(\frac{P_3}{P_5}\right)=\alpha_3+\sum_{K=1}^{K}\beta_{3k}X_k+\sigma_3$$

$$\text{logit}\left(\frac{P_4}{P_5}\right)=\alpha_4+\sum_{K=1}^{K}\beta_{4k}X_k+\sigma_4$$

并有 $P_1+P_2+P_3+P_4=1$，其中 P_i 为社员对某项服务需求的概率，α_1、α_2、α_3、α_4 为常数项，β_{1k}、β_{2k}、β_{3k}、β_{4k}为待估计参数及自变量（X_K）的回归系数，X_K 为社员服务需求的影响因素，变量具体含义见表 9-3，σ_1、σ_2、σ_3、σ_4 为模型的随机误差项。

9.3.3 结果分析

本书以农民专业合作社社员的 5 项服务需求为因变量，选取 17 个自变量，利用 SPSS19.0 软件，通过多元 Logistic 回归模型对合作社社员服务需求的影响因素进行回归分析，模型通过了显著性检验，sig 值小于 0.001，表明模型与样本数据具有较好的拟合度，具体参数估计结果见表 9-4。

（1）所在村的区域特征的影响

村到乡镇的距离在四个模型中均没有通过显著性检验，但其回归系数皆为正，表明相对于提高农产品价格与市场地位的服务需求，距离乡镇越远，社员对提供销售农产品、技术与种苗等生产资料、市场供需信息、资金帮助的服务需求的可能性更大，其中对提供市场供需信息服务需求的概率最大，这可能是因为距离乡镇越偏远的农村，远离与农产品交易市场，难以及时获取市场供需信息以及农产品价格变化的信息，不能及时根据市场需求的变化安排农业生产，因此对市场供需信息需求较高。

（2）个体特征的影响

第一，年龄在模型一与模型四中通过了显著性检验，皆在 5%显著性水平下显著，且回归系数皆为正，表明相对于提高农产品价格与市场地位的服务需求，年龄越大的社员对销售农产品与提供资金帮助服务需求的可能性越大，这可能是因为，一方面年龄较大的社员生产规模较小，家庭收入不高，经济状况较差，需要合作社统一提供农产品销售服务，增加其农业生产的收益；另一方面，年龄较大的社员由于体质弱化的原因，自身兼业化程度低，收入来源渠道单一，因此，家庭经济状况较差，对提供资金帮助服务需求较大，以解决农业生产投入的问题。

第二，性别对社员需求提供资金帮助服务影响显著，在10%显著性水平下显著，且回归系数为正，表明相对于男性社员，女性社员对提供资金帮助的服务需求更大。这可能是因为女性社员的农业生产能力较差，生产规模较小，家庭收入水平较低，因此对提供资金帮助服务的需求较大。

（3）家庭特征的影响

第一，家庭劳动力人数对社员需求提供销售农产品服务与提供技术与种苗等生产资料服务需求影响显著，分别在10%与5%显著性水平下显著，且回归系数为正，这表明家庭劳动力人数越多，社员对提供农产品销售服务与提供技术与种苗等生产资料的服务需求更高，这可能是因为家庭人数越多，家庭农业生产规模越大，需要出售的农产品数量较多，且出售比例较大，如果从合作社获取较先进的农业生产技术，其生产的农产品质量与产量都将得到提升，市场竞争力较强，通过合作社渠道统一销售农产品，可增加社员的农业收入。

第二，生产规模在模型四中通过了显著性检验，且回归系数为正，表明生产规模对社员需求提供资金帮助服务影响显著，说明社员的生产规模越大，其对提供资金帮助的服务需求越大，这是因为生产规模越大，农业投入费用较高，因此对提供资金帮助服务的需求较大。

（4）农产品技术环境特征的影响

第一，相对于提高农产品价格与市场地位的服务需求，所生产农产品为粮食作物的社员对提供销售农产品服务、提供市场信息服务与提供技术与种苗等生产资料服务需求的可能性更大，从事养殖类生产的社员对提供农产品销售服务与提供技术与种苗等生产资料服务需求的可能性更高，而从事瓜果蔬菜生产的社员对提供市场信息服务需求的概率更大。

第二，农产品投入费用在模型一与四中通过显著性检验，分别在10%与5%显著性水平下显著，且回归系数为正，表明农产品投入费用越高，相对于对提高农产品价格与市场地位的服务需求，社员对提供农产品销售与提供资金帮助的服务需求的可能性更高，这是因为，一方面农产品投入费用越高，社员对资金的需求越大；另一方面，社员农产品投入费用越高，其农业生产规模越大，农业为家庭重要的收入来源，需要出售的农产品数量较多，通过合作社渠道统一销售农产品能获得较高的收益，从而提高农业的投入产出效率。

第三，农产品技术含量对社员需求提供市场供需信息服务有显著的影响，这表明相对于提高农产品价格与市场地位的服务需求，社员对提供市场信息服务需求的可能性更高。这可能是因为技术含量较高农产品的质量较好，市场竞争力较强，同时投入费用也较高，需密切关注市场供需变化，以便以较高的价格向市场出售农产品，以此获得较高的收益。

第四，农产品技术含量与农技人员技术指导频率对社员需求提供技术与种苗没有通过显著性检验，但是农产品技术含量对社员需求提供技术与种苗等生产资料的服务有正向影响，而农技人员技术指导频率对社员需求提供技术与种苗等生产资料的服务有负向影响，这是因为社员的农业生产主要依赖自身的经验，如果农产品技术含量较高，社员由于技术的缺乏，必定对农产品技术产生需求。通过调查发现，农村地区农技人员下乡指导农户进行农业生产的次数较少，频率较低，不能满足社员对农业技术的需求，因此，农技人员指导频率越低，社员对提供技术与种苗的服务产生需求的可能性越大。

(5) 社会经济文化环境特征的影响

第一，兼业化程度在模型四中通过了显著性检验，在5%显著性水平下显著，且回归系数为正，表明相对于提供农产品价格与市场地位服务的需求，社员对提供资金帮助服务需求的可能性更大，这可能是因为兼业化程度越高，社员从事多个行业，资金周转易出现问题。

第二，资金获取难易程度对社员需求提供资金帮助服务影响显著，在10%水平下显著，其回归系数为负，表明相对于提供农产品价格与市场地位服务的需求，资金越难获取，社员对提供资金帮助的服务需求的可能性越大。社员在发展农业生产的过程中不可避免的产生融资需求，例如扩大农业生产规模，由于社员缺乏抵押物，很难从金融机构获得贷款，因此希望合作社提供资金帮助的服务。

第三，基础设施在所有模型中均没有通过显著性检验，可能是因为我国新农村建设取得显著成果，农村地区基础设施取得到显著改善，加快了信息的流通与传播，缩短了农产品产地到市场的距离，降低了农产品的运输成本，节约了交易费用。

表 9-4 农民专业合作社社员服务需求的影响因素参数估计结果

	模型一				模型三			
	$y=1$（销售农产品/提高农产品价格与市场地位）				$y=3$（提供市场与供需信息/提高农产品价格与市场地位）			
	B	Std. Error	Wald	Sig.	B	Std. Error	Wald	Sig.
Intercept	−7.624**	3.014	6.399	0.011	−7.937**	3.559	4.973	0.026
所在村的区域特征								
村到乡镇的距离（x_1）	0.172	0.263	0.428	0.513	0.272	0.300	0.825	0.364
个体特征								
年龄（x_2）	0.545**	0.259	4.424	0.035	0.346	0.302	1.315	0.252
性别（x_3）	1.282	0.842	2.318	0.128	0.487	1.028	0.224	0.636
文化程度（x_4）	0.330	0.389	0.718	0.397	−0.412	0.452	0.829	0.363
家庭特征								
家庭劳动力个数（x_5）	0.402*	0.216	3.465	0.063	0.392	0.242	2.616	0.106
人均年纯收入（x_6）	−0.411	0.350	1.381	0.240	−0.565	0.394	2.059	0.151
农业收入占总收入比（x_7）	−0.240	0.370	0.422	0.516	0.176	0.419	0.177	0.674
生产经营规模（x_8）	0.117	0.322	0.131	0.717	0.549	0.375	2.146	0.143
农产品技术环境特征								
农产品类型（$x_9=1$）	1.844**	0.815	5.115	0.024	2.954***	0.947	9.735	0.002
农产品类型（$x_9=2$）	0.692	0.603	1.318	0.251	1.426*	0.759	3.530	0.060
农产品类型（$x_9=3$）	1.736**	0.718	5.848	0.016	1.284	0.881	2.124	0.145
农产品类型（$x_9=4$）	0.074	0.734	0.010	0.920	−0.728	1.283	0.322	0.570
农产品类型（$x_9=5$）	0.000	.	.	.	0.000	.	.	.
农产品技术含量（x_{10}）	0.037	0.405	0.008	0.927	0.849*	0.487	3.041	0.081
农产品投入费用（x_{11}）	0.692*	0.383	3.260	0.071	0.622	0.469	1.761	0.185
市场所在地（x_{12}）	0.803	0.617	1.695	0.193	1.020	0.670	2.319	0.128
产品价格波动程度（x_{13}）	0.101	0.292	0.120	0.729	0.338	0.344	0.966	0.326
农技人员技术指导频率（x_{14}）	0.067	0.256	0.068	0.794	−0.022	0.287	0.006	0.939
社会经济文化环境特征								
基础设施（x_{15}）	0.353	0.231	2.340	0.126	0.270	0.270	1.006	0.316
兼业化程度（x_{16}）	−0.135	0.312	0.187	0.666	0.134	0.364	0.136	0.713
资金获取难易程度（x_{17}）	−0.299	0.284	1.110	0.292	−0.367	0.334	1.207	0.272

（续）

	模型二				模型四			
	$y=2$（提供技术与种苗等生产资料/提高农产品价格与市场地位）				$y=4$（提供资金帮助/提高农产品价格与市场地位）			
	B	Std. Error	Wald	Sig.	B	Std. Error	Wald	Sig.
Intercept	−5.987*	3.252	3.390	0.066	−6.385**	3.101	4.238	0.040
村到乡镇的距离（x_1）	0.165	0.299	0.302	0.583	0.152	0.271	0.316	0.574
个体特征								
年龄（x_2）	0.236	0.288	0.674	0.412	0.596**	0.266	5.039	0.025
性别（x_3）	0.754	0.945	0.636	0.425	1.568*	0.860	3.327	0.068
文化程度（x_4）	0.251	0.427	0.346	0.556	−0.087	0.395	0.048	0.827
家庭特征								
家庭劳动力个数（x_5）	0.560**	0.226	6.113	0.013	0.317	0.221	2.051	0.152
人均年纯收入（x_6）	−0.561	0.377	2.217	0.136	0.088	0.359	0.060	0.807
农业收入占总收入比（x_7）	−0.364	0.396	0.845	0.358	0.086	0.381	0.051	0.822
生产经营规模（x_8）	0.411	0.354	1.343	0.247	0.643*	0.336	3.656	0.056
农产品技术环境特征								
农产品类型（$x_9=1$）	3.202***	0.926	11.956	0.001	0.733	0.835	0.771	0.380
农产品类型（$x_9=2$）	0.576	0.806	0.510	0.475	−0.051	0.622	0.007	0.935
农产品类型（$x_9=3$）	2.800***	0.849	10.872	0.001	0.716	0.732	0.959	0.328
农产品类型（$x_9=4$）	1.428	0.874	2.671	0.102	−0.550	0.763	0.519	0.471
农产品类型（$x_9=5$）	0.000	—	—	—	0.000	—	—	—
农产品技术含量（x_{10}）	0.029	0.434	0.004	0.947	−0.460	0.421	1.194	0.275
农产品投入费用（x_{11}）	0.457	0.412	1.232	0.267	0.826**	0.398	4.309	0.038
市场所在地（x_{12}）	1.030	0.646	2.545	0.111	0.826	0.624	1.752	0.186
产品价格波动程度（x_{13}）	−0.192	0.312	0.378	0.538	0.054	0.305	0.031	0.859
农技人员技术指导频率（x_{14}）	−0.282	0.275	1.055	0.304	−0.076	0.267	0.081	0.776
社会经济文化环境特征								
基础设施（x_{15}）	0.253	0.254	0.991	0.320	0.345	0.243	2.016	0.156
兼业化程度（x_{16}）	−0.260	0.340	0.586	0.444	0.699**	0.323	4.677	0.031
资金获取难易程度（x_{17}）	0.144	0.311	0.214	0.644	−0.543*	0.294	3.408	0.065
−2 Log Likelihood	1174.566							
Cox and Snell	0.327							
Nagelkerke	0.347							
McFadden	0.139							

注：*、**、***分别表示解释变量在10%、5%、1%的显著性水平下显著。

9.4　结论与政策建议

本章基于对江西省 487 个农民专业合作社社员的调研数据，实证分析了合作社社员服务需求的优先序及影响因素，研究表明：社员对合作社提供服务需求的优先序为："提供销售农产品"、"提供技术与种苗等生产资料"、"提供资金帮助"、"提供市场与供需信息"、"提高农产品价格与市场地位"的服务；年龄、家庭劳动力个数、农产品投入费用、农产品类型为粮食作物与养殖类对社员需求农产品销售服务影响显著；劳动力个数、农产品类型为粮食作物与养殖类对社员需求提供技术与种苗等生产资料的服务影响显著，农产品技术含量、农产品类型为粮食作物与瓜果蔬菜类对社员需求提供市场供需信息的服务影响显著；年龄、性别、生产经营规模、农产品投入费用兼业化程度、资金获得难易程度对社员需求提供资金帮助服务影响显著。为提高合作社对社员的吸引力，增强合作社带动社员增收的作用，提升农民专业合作社发展水平，推动我国农村经济的发展，现提出以下对策建议：

第一，积极开辟农产品销售新渠道。研究表明，社员最需要的服务为"提供农产品销售"，合作社应拓宽农产品销售渠道，通过农产品的统一销售，增强社员的市场地位，增加社员的农业收入；积极探索"农超对接"模式，形成稳定的供销关系，保持农产品价格的平稳，增加合作社农产品的销量，提高市场占有率。

第二，加大技术投入力度。调查发现，我国现有农业技术推广体系比较落后，满足不了农户日益增长的技术需求。一方面，政府应当加大对合作社技术扶持的力度，完善我国农业技术推广体系，建立农业技术推广激励机制，引导合作社引进先进的农业生产技术，提高我国农业科技水平；另一方面，合作社应定期为社员进行技术培训，使现代化的农业生产技术服务于农业生产，满足农户的技术需求，提高农产品的品质，增强合作社农产品的市场竞争力。

第三，大力发展农村金融，创新农村金融产品。研究发现，社员的农业生产投入费用较大，对资金的需求较高，但由于缺乏有效抵押物，很难从金融机构贷款，因此，一方面，相关政府部门应引导各类金融机构为合作社发展生产提供资金帮助，大力发展小额贷款；另一方面，合作社内部可探索资金互助模式，解决社员资金融通的需求。

第四，建立农产品市场信息监控体系。政府部门应建立农产品市场信息监控体系，密切跟踪农产品市场供需状况，以此指导农户的农业生产行为；合作社也应密切关注市场供需状况，根据市场供需状况来调整合作社的生产结构，指导社员的农业生产活动。

10 结论与建议

10.1 研究结论

10.1.1 农户加入农民专业合作社影响因素

（1）江西省农户加入农民专业合作社的比例普遍较低，全省的比例为80.5%。同时在加入情况和意愿情况上存在明显的地区不平衡性，从全省调查数据的情况来看，在被调查农户中加入合作社的赣北的最低为79.5%，赣中的最高为81.9%。两个地区的差距相当大，并且与农户加入意愿对照，也存在严重的不对称。在被调查农户是否愿意加入农民专业合作社的比率中，赣北的最低为24.2%，赣中的最高为47.6%。可见农民专业合作社发展呈现明显的地区不平衡性。

（2）影响农户加入农民专业合作社因素较多，研究发现：①乡镇距离，②合作偏好，③农户的劳动力数量，④家庭未成年人数，⑤家庭人均年纯收入，⑥在当地生产规模，⑦销售是否要帮助，⑧是否信贷扶持等因素存在正向影响；而：①农户的家庭人口数量，②打工收入所占家庭收入的比例，③农户的社会关系资源，④农户所在地的基础设施水平，⑤生产资金获取难易程度等因素则对农户加入合作社产生负向影响。

（3）通过 Probit 模型对所调查的数据进行回归分析，发现当前政府对合作社支持的力度、对国家支持农民专业合作社政策的了解以及对政府宣传有关合作社的扶持政策的形式和力度的满意这三个因素的影响程度最大。

10.1.2 扶持政策满意度

（1）农户个体特征、家庭特征对合作社扶持政策满意度存在影响

通过以上分析，发现合作社农户对政府相关的扶持政策满意度总体较高，作为中间变量的科技扶持评价、贷款贴息评价、税收减免评价、信息咨询评价、项目扶持评价、品牌扶持评价都直接影响农户对合作社扶持政策的满意度，初始变量中除文化程度、家庭人口数、经营规模、家庭是否城镇、乡镇经济发展水平直接影响合作社扶持政策满意度外，年龄、婚姻、合作偏好、农业

收入占比重、村居民收入水平等因素间接影响农户对合作社的扶持政策的满意度。

（2）农产品技术与社会经济文化环境对扶持政策满意度存在影响

直接影响扶持政策满意度的中间变量有信息咨询评价、贷款贴息评价、项目扶持评价、税收减免评价、品牌扶持评价、科技扶持评价，初始变量中除农产品技术含量、价格波动程度、基础设施、兼业化程度、农业规模化水平、获得资金难易程度直接影响合作社扶持政策满意度外，技术人员指导、生产投入费用、技术帮助、市场发育程度等因素间接影响农户对合作社扶持政策的满意度。

10.1.3 扶持政策优先序

（1）农民专业合作社农户对扶持政策需求优先序依次为：科技扶持、项目扶持、贷款贴息扶持、提供税收减免扶持。这是目前江西省农民专业合作社农户最迫切需求的前四项扶持政策。

（2）不同扶持政策需求的显著性因素分析。对科技扶持政策需求存在最显著影响的因素为农户文化程度、产品价格波动程度、农技推广人员技术指导频率、农产品市场发育程度、农户兼业化程度、是否有“专业合作社培训”的政策。对贷款贴息扶持政策需求存在最显著影响的因素为：劳动力人数、需要销售帮助的程度、农户兼业化程度。而对项目扶持政策需求存在显著性的影响因素为：农户文化程度、农户兼业化程度、劳动力个数与是否有“农民专业合作社培训”的政策。

10.1.4 农民专业合作社绩效影响因素

（1）政策扶持对合作社绩效没有直接影响。政策扶持对合作社绩效的直接路径没有通过显著性检验，但对内部治理机制与企业家才能的路径系数通过了显著性检验。

（2）技术因素对合作社绩效的影响不显著。技术因素没有通过显著性检验，可能是因为农民专业合作社在自身发展过程中主要依靠经验与自身的判断，缺乏技术的支撑。

（3）内部治理机制对农民专业合作社的绩效影响显著。内部治理机制通过了1%水平的显著性检验，而且路径系数为正，说明内部治理机制越完善，农民专业合作社绩效越好。

（4）企业家才能对农民专业合作社的绩效影响显著。企业家才能通过了5%显著性检验，而且作用方向为正，说明合作社负责人如果具备良好的企业家才能，合作社的绩效会更好。

10.1.5 农民专业合作社绩效影响因素

（1）文化程度、是否有经管类专业背景、家庭人均纯收入、农业收入占比、销售比例、入社金额、合作社成立年限、销售市场区域、农产品价格波动、银行借贷与政府扶持对农民专业合作社品牌创建行为有正向的影响。

（2）年龄对合作社品牌创建行为的影响为负；性别与家庭人口数对理事长带动合作社进行品牌创建行为的影响不显著。

（3）相比其他类型的农产品，从事粮食类作物与养殖类农产品生产的合作社更倾向于创建农产品品牌。

10.2 对策建议

10.2.1 大力促进农户加入农民专业合作社

（1）尊重农户的决策行为，维护农户主导地位。农户自身因素和外部条件共同影响着农户加入农民专业合作社的行为，农民专业合作社的发展有一定的内部规律。政府在制定关于农民专业合作社的政策时，应该拥有“因地制宜、适应发展”的指导思想，综合考虑各地的经济状况等各种条件。尊重农民的意愿，引导农民主动参与，充分发挥农民的创造性、积极性和主动性。合作社要总结过去的成功经验发展现有组织，在各合作社之间互相传播推广成功经验，不断在农民的参与和体验中发展壮大。

（2）加大宣传力度，积极引导农民专业合作社发展。我们可以从建立在本书分析基础上得出的结论中看到，农户对农民专业合作社的认识水平是不够的。农民专业合作社作为新事物在农民参与市场经济过程中起着重要的媒介作用，需要不断的普及和深化。由于历史、文化、生产规模等因素的影响，使得广大农民对目前的专业合作社的性质并不十分了解。因此，各级政府和相关部门应加大宣传力度：

首先，在思想上各级政府相关部门应提高对农民专业合作社在农业和农村经济发展中的重要地位和作用的认识，通过组织培训和自我培训的方式进一步增强发展农民专业合作社的紧迫感和责任感，从现实和长远的角度去认识其重要性、必要性，从各个方面积极稳妥地引导农民专业合作社的发展。帮助农民正确认识当前农民专业合作社的性质、作用、原则，消除农户的疑虑，提高其实际操作能力，充分调动广大干部群众参与合作社建设的积极性，为在全社会发展农民专业合作社创造良好的氛围。

其次，利用比较成功的农民专业合作社作为宣传的典型，总结经验，以点带面，传播推广，鼓励农户在自觉自愿的基础上，创办、发展属于自己的专业合作社，使农户切实感受到农民专业合作社带来的好处，为农民专业合作社的发展打下良好的群众基础，用自身的例子来说服农民，引导农民，吸引农民。只有通过这种方式才能增强农户加入农民专业合作社的信心，从而拉动农民专业合作社发展需求的内部动力。

(3) 合作运动的历史经验表明，各国农民合作经济组织的发展都得到政府提供的多方面的优惠与倾斜，地方政府强有力的支持对农民专业合作社的稳步发展具有重要的作用。通过对江西省农户的调查表明，农民比较关注当地政府部门对于农民专业合作社的政策态度。在市场经济条件下，农民作为弱势群体，理应得到政府的扶持，而农民专业合作社又是这一弱势群体最大的组织，在它的经营过程中带有较大程度的互助性，以服务成员、不重营利为宗旨，更需要得到政府的支持和保护，这既符合国际发展的经验，也符合客观现实的迫切要求。江西省政府为促进农民专业合作社的发展制定了一系列政策，如税收信贷优惠、财政资金扶持等，但有些政策的落实还不够。因此，建议政府应加强落实，政策不应仅仅在文件中体现，还应在具体实践中起作用。具体来说，应从以下几个方面加大政策落实的力度：

首先，财政扶持方面。《农民专业合作社法》第 50 条规定：中央和地方财政应当分别安排资金，支持农民专业合作社开展信息、培训、农产品质量标准与认证、农业生产基础设施建设、市场营销和技术推广等服务。据调查，政府一般对于合作社资金支持方式比较单一，只有项目扶持资金这一种，这种方式只适用于规模相对较大的农民专业合作社，而刚刚组建的农民专业合作社本身就更加需要政府在财政上的扶持。因此，政府应考虑采用多样化的资金形式对各种规模的农民专业合作社提供支持。

其次，信贷方面。《农民专业合作社法》第 51 条规定：国家政策性金融机构应当采取多种形式，为农民专业合作社提供多渠道的资金支持，国家鼓励商业性金融机构采取多种形式，为农民专业合作社提供金融服务。政府对于农民专业合作社的信贷优惠应区分对待，在担保条件上不能将农民专业合作社贷款与其他企业等同，否则农民专业合作社一般是很难贷到资金的，同时贷款利息上农民专业合作社应低于其他营利企业。

最后，在税收方面，《农民专业合作社法》第52条规定：农民专业合作社享受国家规定的对农业生产、加工、流通、服务和其他涉农经济活动相应的税收优惠。农户单独销售农产品是免税的，但是通过农民专业合作社进行销售就要缴纳高额的税收。据调查，有相当一部分农民专业合作经济组织还没享受减免税优惠，这将会极大地阻碍农民专业合作社的发展。因此，政府应加强减免税方面优惠政策的落实。

（4）加强农民专业合作社规范化建设。江西省农民专业合作社的发展还处于初级阶段，其在发展过程中还存在很多问题，如内部组织结构松散、规模小、业务层次低、规章制度不合理、分配机制不科学、服务不到位等问题，影响了农民专业合作社健康、快速发展，在一定程度上影响了农户加入合作社的积极性。通过对样本农户的调查，佐证了农民专业合作社自身存在种种缺陷和不足正是农户未参加专业合作经济组织的一个重要原因，它导致农民专业合作社对农民没有足够的吸引力。为了促进农民专业合作社更快、更好发展，本书认为应从以下几个方面来推进农民专业合作社规范化建设：

首先，建立以社员为主体的、明晰的产权制度。产权关系是经营组织中建立各种经济关系的基础，是联结各经营主体的纽带，产权的清晰合理决定着经济组织的生存和发展。根据新制度经济学理论，一个有效率的组织要想形成激励效应，必须对产权制度上作出明确的规定。农民专业合作社是由其成员共同所有、共同出资和共同管理的经济组织，合作社的自有资本是社员共同出资形成的，社员的投入和经济参与构成了合作社开展社会经济活动的基本条件。因此，在农民专业合作社建立和吸收新社员时，应该严格按照章程交纳会费或身份股金；农民专业合作社可以通过设立投资股扩大经营规模或拓展经营领域，鼓励社员和其他非社员认购，投资股金按照高于银行利率支付利息。在农民专业合作社的股金比例中，社员必须占绝对部分，政府部门、龙头企业和其他经济实体作为发起人，可以占较大的股金比例，但持股比例不应超过总股金的20%，以防止只有少数人享受到了政府扶持政策和合作组织盈余，而一般得社员难以真正受益。农民向合作社缴纳股金后，合作社应向社员核发股金证和社员证作为入股凭证。农民专业合作组织由多个单位共同投资建立的，必须明确各个单位之间的产权关系。

其次，建立健全科学合理的治理结构和民主管理制度。社员（代表）大会、理事会和监事会这三个部分构成了农民专业合作社的治理结构，这三个机构是一个彼此联系而又相互独立不可分割的有机整体。民主管理制度是农民专业合作社发展的制度保障和凝聚力所在，它意味着合作社的成员主人的身份，因此完善社员民主管理制度非常重要。民主制度贯穿于这三大机构。社员大会是决定组织经营方针和各项重大事项的最高权力机构，它实行的"一人一票"制度不同于公司的"一股一票"制度，社员无论其经济实力如何，表决权都应是"一人一票"。对于股金比例和交易额较大的社员，可赋予更多的投票权，但应对单个社员表决权设置上限。通过建立民主选举和决策制度，才能加强社员对于合作经济组织的民主管理和控制，防止资本控制合作社，保障和维护组织成员的主导地位和经济利益。不断加强监督机制的完善。除了充分发挥监事会的监督作用外，还要开展农民群众监督。实行社务与财务公开，密切关注合作社的运营状况和财务变动，及时发现问题并予以解决。科学的委托代理机制要在农民专业合作社中逐步建立。合作组织可以综合自身条件，实行理事会和经理层两种独立分工的模式，聘请职业经理代理合作社的经营。

最后，实行多种利益共享和分配方式。农民组建或参加合作社，都是期望能从合作经济中获得多种利益：①获得进入市场的渠道，为农产品的销售获得一个稳定的市场；②通过合作社的规模效应抵御来自其他市场的力量，在生产资料采购和农产品销售中获得更有利的价格；③在服务市场上获得难以得到的优势等。总之，合作社克服农户进行家庭分散经营的各种困难，让农户获得了可观的社会经济收益。农民专业合作社作为市场经济中出现不久的新鲜生物，不仅合作社的各项功能和作用不完善，而且盈余分配机制也不够健全，因此合作社利益分配机制的完善，宜采取多形式、多层次、多环节方式，使成员得到多种实惠。在分配顺序上，先应该按交易量（额）的比例向成员返还，然后再进行按股金分红。在分配比例上，按章程或成员大会规定交易量（额）返还和股金分红在可分配盈余中的比例。不能将交易量（额）和股金分红互相替换和混淆。在服务上，合作社还应以优惠的价格提供各种服务，如为产品销售或物资供应实行价格优惠，免费提供信息、技术和其他服务等。此外合作社还应该具备强烈的风险意识，通过建立风险保障机制，降低和化解社员的风险，保护社员的利益，维持合作社发展的连续性和稳定性，如采取保护价收购社员产品、制定最低保证金和提取风险保证金等手段。

10.2.2 提高扶持政策满意度

第一，在扶持政策供给方面，主要从科技扶持、税收减免、贷款贴息、项目扶持、信息咨询、品牌扶持等方面来满足合作社农户对扶持政策的需求，尤其是增加项目扶持和科技扶持等方面的政策供给。

在项目扶持方面，应该加强监督管理，确保资金安全。一是要加强对项目资金的监管，优先考虑一些依法登记、综合效益较好、辐射带动能力强、统一认证的农民专业合作社，应给予重点扶持；二是要加强对农民专业合作社专项资金的管理。为确保有限的专项资金真正用在扶持合作社发展上，应严格执行先到乡镇申报，然后进入机关考核验收，再主管部门初审，市主管领导审批后才能进入财政支付的程序。要保证集中使用项目的专项扶持资金，严禁分开使用专项扶持资金，禁止合作社把专项扶持资金用在非生产建设环节。为杜绝当地财政部门挪用截留项目专项扶持资金，加强对资金的审计和群众监督的力量，提高项目专项资金使用的透明度，防止违法事件的发生。当地财政、审计等部门要跟踪审计项目专项扶持资金的使用情况，保证项目政策能真正落实，从而提高农户对农民专业合作社扶持政策的满意度。

在科技扶持和信息咨询方面，应该加强各地区间的信息交流，大力引进其他地区的先进技术和优质品种，加大科技扶持，增加当地农户生产农产品使用新技术的频率，增加农业技术推广人员对当地农业生产的指导，增强农户所生产农产品的市场竞争能力。设立专门的合作社培训机构，针对农村中有文化有潜力的人才，定期提供技术交流、最新技术市场资讯和技术指导等机会，培养一批本地的农业技术人才，满足当地农户对技术帮助的需求。

在品牌扶持方面，要重视合作社的品牌建设，积极的引导合作社引进名优品牌，加强品牌意识，积极保护自己专有产品，对专有产品尽早的进行商标注册，从而有个长远发展意识，达到提高有注册商标农产品的价格，增加农民收入的目的。

在税收优惠方面，首先在税收上，政府应给予合作社大力的税收优惠。比如对于合作社在农业生产的全过程中的劳务所得或提供技术服务所得的收入免征所得税，合作社销售农户产的农产品免征增值税，合作社为社员提供的经营服务免征营业税，新成立的合作社免征各种税 3 年，对于社员获得的红利和股息等收益免征个人所得税，鼓励社员积极参与合作社管理；其次，政府应该充分发挥税收减免政策的调节作用，引导合作社的发展方向，比如对于将生产经营范围扩展到深加工领域的合作社，给予进口设备税收和营业税减免等优惠政策，促进合作社的经营范围向农产品深加工扩展，鼓励合作社扩大销售范围；再次，目前国家对一些涉农服务组织给予了很多税收优惠的政策，特别是对农业产业化中的龙头企业的很多税收优惠政策，这些税收优惠政策应该同时也适用于农民专业合作社。

在贷款贴息方面，应该完善和创新贷款机制，改善融资环境。其一，鼓励金融机构或国有控股银行，特别是中国农业银行和农村信用社，应把农民专业合作社作为重点信贷对象，实行减息贷款、低息贷款，给予合作社信贷优惠，简化审核批准手续，解决合作社阶段性、临时性、季节性所需资金，提供各种类型的低息贷款。为促成银行和合作社的合作，政府应当扮演一种调节员的角色，满足银行和合作社双方的利益需求，促进银行和合作社合作的一种方式是政府直接贴息给银行，缓解银行在贷款利息回收方面的风险和压力；另外一种方式是政府通过市场建立担保公司或设立担保基金，降低银行贷款风险，从而促进双方达成协议；其二，针对不同合作社的发展特色推出与其相适合的信贷产品，比如中国农业银行针对合作社和农户推出的“合作社＋农户”贷款，中国储蓄银行针对烟农的贷款等。此外还可以探索创新出像东乡“伞式”共同体贷款、上高“树形”贷款管理模式，改善农户的融资环境，支持农民专业合作社的发展。

第二，政府应采取多种形式的扶持政策，满足不同文化程度、年龄、家庭规模、不同地理位置、经营规模及不同区域农民对于合作社扶持政策的需求。比如在提高社员文化程度上，应加大对农村教育的资金投入，大力培养高素质合作社人才。而且随着农村经济的不断发展，目前农村人力资源远远满足不了合作社对高素质专业人才的需要。因此，政府需要加大农村教育投入，加大培养合作社专业人才。一是为让农民依靠生产技术增加收入，应该着力提高农民致富技能手段，对农民的农业生产技能进行培训；二是要加快发展农村成人教育和农村职业教育，提高职业教育和成人教育在农村的招生比例，逐渐扩大其规模，增加对职教如农学类专业学生的奖学金和补助，从而促进培养一批年轻的懂农村懂农业懂技术的高素质专业人才；三是重点培养一批懂合作社知识的干部和懂技术、会经营的农民带头人，引领农户加入农民专业合作社，在搞好典型示范的同时，带动合作社的广泛发展。

第三，通过摸索不同的合作社扶持政策供给方式，来满足不同地区的不同农产品技术含量、农户的兼业化程度、农业规模化水平对合作社扶持政策的需求，通过培育成熟的市场、稳定农产品价格水平及提高当地的基础设施水平，减轻它们对于扶持政策的不良影响。本书研究结论表明，农户的个体经营规模和当地的农业规模化水平直接影响农户对合作社扶持政策的满意度，所以应该大力提高农业规模化水平，扩大农户的经营规模，促进农业农户组织化程度的提高，使农户通过规模经营获得更多的利润，从而提高其对合作社扶持政策的满意度。在面对不是很成熟的市场时，应向农户普及市场经济基本知识，增强农民抗风险意识和市场观念。

10.2.3 调整扶持政策的优先次序

第一，重视教育及技术培训，完善农业技术推广体系

从实证研究来看，农户文化程度对科技扶持与项目扶持政策需求存在显著性的影响。当前江西省农民专业合作社最迫切的扶持政策需求是科技扶持政策需求，表明专业合作社农户已经越来越重视科技在生产中发挥的作用，而不是仅仅依靠传统的经验。教育程度决定农户对农业技术的接受能力及认知情况，深刻地影响农户对扶持政策的需求。实证研究表明农推人员的技术推广次数与农户对科技的需求呈负相关。技术培训与科技转化为生产力息息相关，对提高我国农业生产效率有着深刻的影响。政府应当定期开展有关的农业技术培训，完善江西省的农业技术推广体系，满足农户对科技扶持政策的需求。

第二，完善农村金融政策，解决专业合作社生产资金难题

从描述性统计分析中可以看出，贷款贴息扶持是农民专业合作社摆在第二位的需求政策，可见合作社对解决生产资金的迫切需求。专业合作社的发展目标之一是规模化。规模化能增强农户在市场中的地位，有利于提高农户的边际收益。合作社在发展的过程中要扩大生产规模，经常会遇到资金难题。银行借贷是合作社农户的选择之一。相关政府部门应当从促进江西省合作社发展，提高农业发展水平出发，给以农民专业合作社贷款贴息扶持。改善对合作社的信贷服务，降低信贷担保门槛。积极探索创办农村金融服务机构，利用民间资本，组建农民专业合作社贷款公司和合作社担保公司，充分发挥民间资本的作用，推动农村合作社的发展。

第三，因地制宜，通过发展项目带动农村经济发展

农民专业合作社发展对项目扶持的作用越来越重视，通过发展项目带动合作社的发展，推进农民致富。鼓励和支持发展农业和农村经济的建设项目，以及农、林、牧、农产品加工重点工程项目，政府相关部门应当鼓励有条件的地区利用自身的优势资源发展相关的项目，并给以技术、资金等方面的扶持。

第四，落实税收优惠政策

农业是我国国民经济的基础，农业的发展关乎社会稳定。目前我国农民专业合作社还处在兴起的阶段，税收优惠政策可以降低专业合作社农户的交易成本，提高农户生产的积极性，促进农民专业合作社的良好发展。

10.2.4 大力提高农民专业合作社绩效

随着农民专业合作社的迅速发展，农民专业合作社必将对农村转型、农业发展、农民增收产生更为深刻的影响。我国农民专业合作社的发展尚处于初期发展阶段，当前农民专业合作社的整体绩效水平还不高，各方面活动均有较大的提升空间。基于本研究的实证结果，本书提出以下政策性建议：

10.2.4.1 加大扶持力度，落实优惠政策

一是加大财政资金扶持。根据我国农民专业合作社在全国农业发展中所起的重要作用，建议各市政府及县政府每年在以奖代拨一定数量合作社专项资金的基础上，每年安排专项资金，以扶持农民专业合作社发展，其中25%用于相关的培训，35%用于项目扶持，40%用于对优秀合作社给予贷款贴息和一次性补助。

二是加强金融信贷支持。农村金融服务机构每年应安排一定比例的信贷资金解决合作社发展的资金问题，同时要进一步改善对合作社的信贷服务，降低信贷担保限制。设法成立农村资金信贷相关服务机关，利用现有资本，建立农民专业合作社相关信贷组织，充分发挥现有资金的作用，推进农民专业合作社的进一步发展。

三是落实税收优惠政策。认真贯彻落实财政部国家税务总局财税［2008］81号文件《关于农民专业合作社有关税收政策》的通知精神。会同财税部门及时做好税法宣传解释工作，确保国家有关合作社税收优惠政策落实到位。

10.2.4.2 加强对合作社农户农业技术培训

邀请相关专家给农户进行培训，首先让农户理解科学技术对于农民专业合作社的影响之大，让农民参与到农业技术推广之中，产生“滚雪球”效应。建立专业合作社的培训基地，各地相关机构研究出台适合本地农业形势的农民专业合作社人才培训计划，每年从经费中安排35%用于合作社的培训，培训采取“走出去，请进来”以及典型示范演讲等多种方式。造就经营管理技术为一体的管理团队。拉拢各方面人才参加到农民专业合作社之中来、创建新农民专业合作社，对于参与进来的技术人员不影响其原始身份，并且按照共享的多少来给予利益。

10.2.4.3　完善内部治理机制，健全各项制度

完善的内部治理机制有助于合作社充分利用政府的扶持资源，改进合作社的绩效。建立健全各项规章制度，理顺合作社管理机制，确保权责统一，收益与投入成正比；强化管理层为社员服务的观念，适当提高盈利返还比例，增加社员的收益，保障社员参与管理合作社事务的权利，增强社员的主体意识，调动社员参与合作社建设的积极性。

10.2.4.4　培养合作社负责人的企业家才能

第一，对农民专业合作社负责人进行管理技能培训，提高合作社负责人的管理技能，整合合作社资源，实现资源的优化配置，从而提高合作社绩效；第二，为农民专业合作社负责人的学习创造条件，定期组织各农民专业合作社负责人进行交流，相互探讨与学习各合作社值得借鉴的经验，并针对不同类别的合作社提供相关的专家指导，使合作社负责人获得相关的知识，从而提高负责人的学习能力。

10.2.5　积极支持合作社创建农产品品牌

（1）加大对合作社理事长的培训力度。理事长在合作社的日常经营管理决策中处于主导地位，其个人资源禀赋对合作社经营管理决策的制定有重要的影响，甚至影响到合作社能否健康发展。研究表明：合作社理事长文化程度越高，具备经管类专业背景，其参与带动合作社品牌创建的可能性越大。因此，相关政府部门应加强对合作社理事长的培训，使其具备现代化的经营管理理念，提高其经营管理水平，加强农产品品牌创建，增强合作社的市场竞争力，从而带动农户致富。

（2）完善我国农村金融体系。研究表明：银行资金借贷的难易程度对合作社农产品品牌创建行为有显著的正向影响，银行资金越容易获取，合作社对农产品品牌建设的可能性更高，因此，相关政府部门应推动金融机构适应我国农业现代化发展的需要而创新金融产品，解决合作社抵押物不足的问题，大力发展小额信贷，引导金融机构支持农民专业合作社的发展。

（3）加大对农民专业合作社的扶持力度。政府对农民专业合作社的扶持不仅可以增强合作社的实力，降低合作社的交易成本，而且还具有引导合作社发展的作用。研究表明：政府扶持对合作社农产品品牌的建设行为具有正向作用，因此，相关政府部门应出台扶持措施鼓励合作社创建农产品品牌，增强区域内农业的竞争力，从而推动农业产业化的发展。

参　考　文　献

白菊红，2005. 河南农户家庭收入水平差异分析 [J]. 河南农业大学学报，39（2）：190-193.

曾莉，2006. 基于公众满意度导向的政府绩效评估 [J]. 学术论坛（6）.

陈江华，李道和，等，2014. 江西省农民专业合作社社员参与合作社订单农业的影响因素 [J]. 贵州农业科学（12）：204-209.

陈江华，李道和，等，2014. 农民专业合作社扶持政策需求优先序及影响因素分析——基于江西省 578 户样本的调查 [J]. 农林经济管理学报（4）：138-145.

陈江华，李道和，等，2014. 农民专业合作社品牌创建行为实证分析——基于合作社理事长视角 [J]，广东农业科学（11）：243-248.

陈江华，李道和，等，2014. 社员对合作社服务需求的优先序及其影响因素——基于江西省农民专业合作社 487 份调查数据 [J]. 湖南农业大学学报（社会科学版）（10）：8-14.

陈俊红，吴敬学，周连弟，2006. 北京市新农村建设与公共产品投资需求分析 [J]. 农业经济管理（7）.

陈中飞，2011. 农民工对返乡创业政策认知评价及其优化对策研究 [D]. 南昌：江西农业大学.

池泽新，2003. 农户行为的影响因素、基本特点与制度启示 [J]. 农业现代化研究（9）.

董晓波，2010. 农民专业合作社高管团队集体创新与经营绩效关系的实证研究 [J]. 农业技术经济（8）。

樊丽明，2009. 农民对农村基础设施满意度的影响因素分析——基于 670 份调查问卷的结构方程模型分析 [J]. 农业经济问题（9）.

范远江，杨贵中，2011. 农民专业合作社绩效评价研究综述 [J]. 经济研究导刊（7）.

方鸣，应瑞瑶，周力，2011. 南京溧水农户参与专业合作社的意愿调查与研究 [J]. 江苏农业学报，27（1）.

冯彩云，国外私有林现状及发展趋势 [J]. 世界林业研究，18（1）：6-11.

冯道杰，2006. 我国新型农民合作经济组织发展障碍研究 [J]. 农业经济（1）：47-49.

冯昫，2011. 农民专业合作社发展亟须政策扶持 [J]. 专家视点（10）.

高立英，等，2007. 建设林业合作经济组织的经济分析 [J]. 安徽农业科学 .35（36）：36-37.

耿红莉，2007. 国内外农民专业合作社发展概况 [J]. 北京农业职业学院学报（6）.

郭红东，2002. 当前我国政府扶持农村专业合作经济组织发展的行为选择［J］. 农村合作经济经营管理（5）37-38.

郭红东，陈敏，2010. 农户参与专业合作社的意愿及影响因素［J］. 商业研究（6）.

郭红东，等，2009. 影响社员对合作社满意度因素的分析［J］. 西北农林科技大学学报（社会科学版）（5）.

郭红东，蒋文华，2004. 影响农户参与专业合作经济组织行为的因素分析——基于对浙江省农户的实证研究［J］. 中国农村经济（5）.

郭娜，范凤琴，2009. 政府扶持农民专业合作社的模式研究［J］. 中国农学通报（16）.

国鲁来，2001. 合作社制度及专业协会实践的制度经济学分析［J］. 中国农村观察（5）：12-14.

国鲁来，2006. 农民合作组织发展的促进政策分析［J］. 中国农村经济（6）：8-11.

何精华，岳海鹰，杨瑞梅，2006. 农村公共服务满意度及其差距的实证分析——以长江三角洲为案例［J］. 中国行政管理（5）.

何坪华，杨名远，1999. 我国农业家庭经营市场交易成本的制约因素和中介组织研究［J］. 农业经济问题（5）.

洪琳，2011. 农民专业合作社发展模式的国际比较与启示［J］. 生产力研究（2）.

侯建华，杨艳军，2005. 国外农户专业合作组织的发展对我国的借鉴作用［J］. 经济论坛（15）.

胡金春，2011. 农业综合开发扶持农民专业合作社的对策刍议［J］. 农机合作组织（2）.

胡卓红，2009. 借鉴国外经验政府支持农民专业合作社发展之策［J］. 现代财经（7）：75-80.

胡卓红，2011. 论农民专业合作社发展的政府支持［J］. 现代财经（4）：72-76.

黄丽萍，王蕊蕊，2010. 试论专业合作经济组织组建动力——以林区农民为例［J］. 东南学术（1）：34-40.

黄胜忠，林坚，等，2008. 农民专业合作社治理机制及其绩效实证分析［J］. 中国农村经济（3）.

黄永利，高建中，2013. 农民专业合作社管理者能力与绩效的相关性分析［J］贵州农业科学（4）.

黄祖辉，2000. 农民合作：必然性、变革态势与启示［J］. 中国农村经济（8）.

黄祖辉，2008. 中国农民合作组织发展的若干理论与实践问题［J］. 中国农村经济，11（3），4-7.

黄祖辉，等，2002. 农民合作组织认识误区辨析［J］. 经济学家（3）.

黄祖辉，徐旭初，冯冠胜，2002. 农民专业合作组织发展的影响因素分析——对浙江省农民专业合作组织发展现状的探讨［J］. 中国农村经济（3）：13-21.

季湘铭，2010. 发达地区农户参与农民专业合作社的意愿及满意度的影响因素分析——以浙江省温州市为例［D］. 杭州：浙江大学.

姜明伦，等，2005. 农民合作的经济学分析 [J]. 经济问题探索（3）.

孔祥智，等，2008. 林业合作经济组织研究——福建永安和邵武案例 [J]. 林业经济（5）：48-52.

孔祥智，李圣军，陈丹梅，2007. 农户对公共产品需求的优先序及投入重点研究 [J]. 吉林大学社会科学学报（7）：20-26.

寇平君，2004. 制约我国农业合作经济组织发展的八大原因 [J]. 农业经济（2）：8.

兰祥礼，2009. 完善和发展农民专业合作社的思考 [J]. 四川改革（6）.

李道和，2012. 农户加入农民专业合作社影响因素及政府扶持机制研究（综述）[J]. 江西农业大学学报（社会科学版）（1）：27-32.

李道和，陈江华，2014. 农民专业合作社绩效分析——基于江西省调研数据 [J]，农业技术经济（12）：65-75.

李道和，郭锦镛，2008. 农户合作行为的博弈分析 [J]. 江西农业大学学报（1）.

李道和，章芸，高雪萍，2013. 个体特征、家庭特征与农民专业合作社扶持政策满意度——基于江西省 605 个农户样本调查数据 [J]. 江西农业大学学报（社会科学版）（1）.

李东，等.2011. 农业产业化龙头企业农技活动的农户满意度测评 [J]. 农业技术经济（8）.

李平，张俊飚，2011. 推广部门对技术推广绩效满意度评价的影响因素——以食用菌产业技术为例 [J]. 华中农业大学学报（社科版）（1）.

李燕凌，曾福生，2008. 农村公共品供给农民满意度及其影响因素分析 [J]. 数量经济技术经济研究（8）.

刘滨，池泽新，李道和，2009. 农民专业合作社社员资格开放度研究——以江西省为例 [J]. 农业技术经济（6）：78-85.

骆清，2012. 促进我国政府扶持农民专业合作社的立法建议 [J]. 农业经济（6）：27-28.

诺思，2008. 制度、制度变迁与经济绩效 [M]. 杭行，译. 上海：上海人民出版社：163-170.

任大鹏，潘晓红，龚诚，等，2004. 有关农民合作经济组织立法的几个问题 [J]. 中国农村经济（7）：41-45.

石敏俊，金少胜，2014. 中国农户需要合作组织吗 [J]. 浙江大学学报（人文社会科学版）（5）：35-44.

石秀和，经庭如，2009. 新型农民合作经济组织发展中的政府行为及制度选择 [J]. 湖北社会科学（10）：26-29.

苏斯彬，卫龙宝，2004. 从交易费用角度看实现农业规模经营的新途径 [J]. 农业经济（8）.

苏玉娥，2010，国际视角下我国政府扶持农民专业合作社发展的政策选择 [J]. 江西农业大学学报（12）：7-11.

孙亚范，2003. 合作社组织文化探析 [J]. 农业经济（1）.

孙亚范，2003. 现阶段我国农户合作需求与意愿实证研究 [J]. 江苏社会科学（1）：204-208.

孙亚范，2004. 我国农民专业合作经济组织创新的成本约束及化解［J］. 经济问题探索（2）.

唐娟莉，朱玉春，刘春梅，2010. 农村公共服务满意度及其影响因素分析——基于陕西省32个乡镇67个自然村的调研数据［J］. 当代经济科学（1）.

涂琼理，钟涨宝，2012. 农民专业合作社的制度需求与制度供给研究［J］. 求实（7）：89-92.

王登举，李维长，等，2006. 我国林业合作组织发展现状与对策［J］. 林业经济（5）：65-68.

王宏生，2011. 农村金融机构支持农民专业合作社发展面临的问题和政策建议［J］. 金融理论与实践（1）.

王良健，罗凤，2010. 基于农民满意度的我国惠农政策实施绩效评估——以湖南、湖北、江西、四川、河南省为例［J］. 农业技术经济（1）.

王延中，江翠萍，2010. 农村居民医疗服务满意度影响因素分析［J］. 中国农村经济（8）.

吴健，2011. 金融支持农民专业合作社情况的调查与思考——以江西省为例［J］. 工作研究（8）.

肖友利，刘凤，2012. 社员对专业合作社满意度影响因素分析——基于对成都农民专业合作社调研的实证研究［J］. 农业经济（9）.

肖云，严茉，2012. 我国农村贫困人口对扶贫政策满意度影响因素研究［J］. 贵州社会科学（5）.

徐力行，2002. 农民和农业组织化模式的决定因素和一般规律［J］，财经研究（11）.

徐旭初，黄胜忠，2009. 走向新合作——浙江省农民专业合作社发展研究［M］. 北京：科学出版社：16-19.

许向阳，聂影，张建华，2007. 政府在林业合作组织发展中角色定位的研究［J］. 林业经济（2）：52-56.

杨宜婷，陈昭玖，钟菁，2012. 农业技术推广政策满意度影响因素分析［J］. 江西农业大学学报（3）.

张冬平，黄祖辉，2002. 农业现代化进程与农业科技关系透视［J］. 中国农村经济（11）：48-53.

张洪杰，2010. 发达国家对农民专业合作社的扶持政策及启示［J］. 合作经济与科技（3）.

张劲松，涂益杰，2006. 县级政府能力绩效评估的内涵、依据及其模式［J］. 理论导刊（6）.

张晓山，2002. 联结农户与市场：中国农民中介组织探究［M］. 北京：中国社会科学出版社.

张晓山，苑鹏，1991. 合作经济理论和实践［M］. 北京：中国城市出版社：44.

郑丹，2011. 农民专业合作社在科技推广中的作用机制及政策选择［J］. 农业经济（2）.

中华人民共和国农业部，2009. 农民专业合作社100问［M］. 北京：中国农业出版社.

朱玉春，唐娟莉，郑英宁，2010. 欠发达地区农村公共服务满意度及其影响因素分析——基于西北五省1478户农户的调查［J］. 中国人口科学（2）.

Alchian，A. A. and Demesetz，H.，1972. Production，Information Costs，and Economic

Organization [J]. American Economic Review (62) .

Barton, D. G, Schroeder T. C. & Featherstone, A. M, 1993. Evaluating the Feasibility of Local Cooperative Consolidation: A Case Study [J]. Agribusiness (3) .

Bateman, D. L. , J. R. Edwards, and C. LeVay, 1979. Agricultural Cooperatives and the Theory of the Firm [J]. Oxford Agrarian Studies (8) .

Bijman, J. , 2006. Governance Structures in the Dutch Fresh Produce Industry [R] in Christien On dersteijn and Jo Wijnands (eds.): Quantifying the Agr-food Supply Chains, Springer: 207-223.

Bonus, 1986. The Cooperative Association as a Business Enterprise. A Study in the Economics of Transaction [J]. Journal of Institutional and Theoretical Economics (142) .

Chi Ze-xin, 2010. Australian Dairy Farmers and Its Implications for the Sustainable Development of China-Farmers Professional Cooperatives [J]. 江西农业大学学报（社会科学版）(3) .

Connor, John Thompson, Glen, 2001. International Trends in the Structure of Agricultural Cooperatives [R]. Rural Industries Research and Development Corporation.

Cook, M. L, 1995. The Future of U. S. Agriculture Co-operatives: A Neo-Institutional Approach [J]. American Journal of Agricultural Economics (77) .

David G. Barton, 2004. Agriculture Cooperatives: An American Economic and Management Perspective [A]. Presented at the International Symposium on Institutional Arrangements and Legislative Issues of Farmer Cooperatives, May, Tai zhou, Zhejiang, China.

Dr Dalmini, 2010. Collective Farming: Elements Constituting an Effective Agricultural Cooperative, the Case of Three Cooperative in the Umgungundlovu District [R]: African Centre for Food Security.

Ferrier, GD. & Porter, P. K. , 1991. The Productive Efficiency of US Milk Processing Cooperatives [J]. Journal of Agricultural Economies (42) .

Fornell D, Larcker F. , 1983. Evaluating Structural Equation-Models with Unobservable Variables and Measurement Error [J]. Journal of Marketing Research (18) .

Fulton, M. , 2000. Traditional Versus New Generation Cooperatives in Merrett, C. &Walzer, N. (Eds.) [M]. A Cooperative Approach to Local Economic Development. Westport: Quorum Books: 11-25.

George Hendriks&Bijman, J, 2002. Ownership Structure in Agri-food Chains: The Marketing Cooperative [J]. American Journal of Agricultural Economics. (84) .

Hackman, D. L. and Cook, M. L. , 1997. The Transition to New Cooperative Organizational Forms: Public Policy Issues [R]. In M. Cook, et af. (Eds) . Cooperatives: Their Importance in the Future Food and Agricultural System. Washington, DC: The Food and Agricultural Marketing Consortium.

Hakelius, K., 1996. Cooperative Values. Farmer Cooperatives in the Minds of the Farmers [R]. Uppsala: Swdish University of Agricultural Sciences.

Hansmann. H., 1996. The Ownership of Enterprise [M]. MA Belknap Press, London.

Hendrikse, G. W. J. &-Bijman, J., 2002. Ownership Structure in Agri-food Chains: The Marketing Cooperative [J]. American Journal of Agriculture Economies, 84 (1).

Iliopoulos, C. and Cook, M. L., 1999. The Efficiency of Internal Resource Allocation Decisions in Customer-Owned Firms : The Influence Costs Problem [EB/ol]. http: //www. isnie. org.

Nilsson J., 2001. Organizational Principles for Cooperative Firms [J]. Scandinavian Journal of Management (17): 329-356.

Nilsson, J., 1988a. The Emergence of New Organizational Models for Agricultural Cooperatives [J]. Swedish Journal of Agricultural Research, (28).

Nourse, E. G, 1995. The Place of the Co-operative in Our National Economy: American Cooperation 1942-1945 [M]. American institute of cooperation, Washington D. C.: 33-39.

Nourse, E. G., 1922. The Economic Philosophy of Cooperation [J]. American Economic Review, 12: 577-597

Porter P. K, Scully, GW., 1987. Economic Efficiency in Cooperatives [J]. Journal of law and Economies (30).

Roger J S., 2000. The Cooperative Advantage Annals of Public and Cooperative Economics [R]: 507-523.

Sexton, R., 1986. The Formation of Cooperatives: A Game-theoretic Approach with Implications for Cooperative Finance, Decision Making and Stability [J]. American Journal of Agricultural. Economics (68).

The World Bank, 2006. China-Farmers Professional Associations Review and Policy Recommendations East Asia and Pacific Region [R]: 84-91.

USDA, 2002. Agricultural Cooperatives in the 21st Century, RBCS [R]. Cooperative Information Report 60, Washington D. C.: 1-36.

Vitalino, P, 1983. Cooperative Enterprise: An Alternative Conceptual Basis for Analyzing a Complex Institution [J]. American Journal of Agricultural Economics, 65: 1078-1083.

Williamson. O. E., 1985. The economic Institutions of Capitalism [M]. New York, NY: The FreePress.

Zusman P., 1992. Constitutional Selection of Collective-choice Rules in a Cooperative Enterprise [J]. Journal of Economics Behavior and Organization, (17): 353-362.

图书在版编目（CIP）数据

农户加入专业合作社及政府扶持机制研究：以江西省为例 / 李道和著 . —北京：中国农业出版社，2017.8

ISBN 978-7-109-23270-9

Ⅰ. ①农… Ⅱ. ①李… Ⅲ. ①农民组织－专业合作社－研究－中国 Ⅳ. ①F321.42

中国版本图书馆 CIP 数据核字（2017）第 199250 号

中国农业出版社出版

（北京市朝阳区麦子店街 18 号楼）

（邮政编码 100125）

责任编辑 闫保荣

三河市君旺印务有限公司印刷 新华书店北京发行所发行

2017 年 8 月第 1 版 2017 年 8 月河北第 1 次印刷

开本：700mm×1000mm 1/16 印张：11

字数：200 千字

定价：36.00 元